Impressum
Verlag: BABADADA GmbH, Nedderfeld 112 , 22529 Hamburg
Geschäftsführer / Verlagsleitung: Harald Hof
Druck: Books on Demand GmbH, In de Tarpen 42, 22848 Norderstedt

Imprint
Publisher: BABADADA GmbH, Nedderfeld 112 , 22529 Hamburg, Germany
Managing Director / Publishing direction: Harald Hof
Print: Books on Demand GmbH, In de Tarpen 42, 22848 Norderstedt

koulu

اسکول

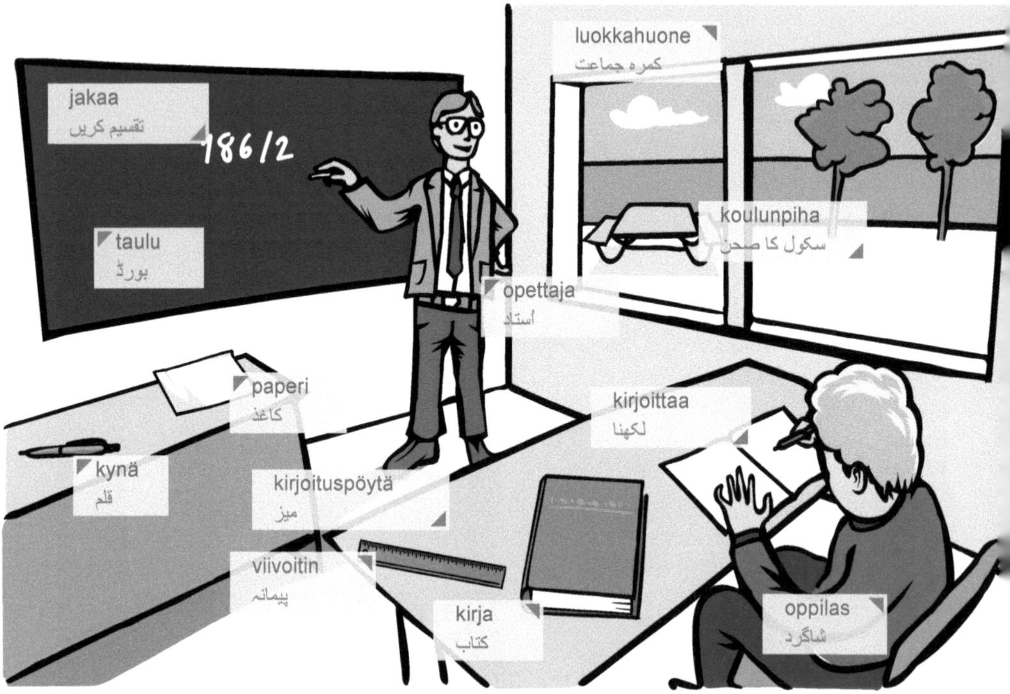
luokkahuone
کمرہ جماعت
jakaa
تقسیم کریں
186/2
taulu
بورڈ
koulunpiha
سکول کا صحن
opettaja
اُستاد
paperi
کاغذ
kirjoittaa
لکھنا
kynä
قلم
kirjoituspöytä
میز
viivoitin
پیمانہ
kirja
کتاب
oppilas
شاگرد

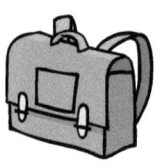

reppu

بستہ

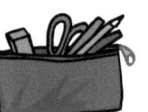

penaali

پینسل کیس

lyijykynä

پینسل

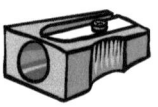

kynänteroitin

پینسل شارپنر

pyyhekumi

ربڑ

piirustuslehtiö

ڈرائنگ پیڈ

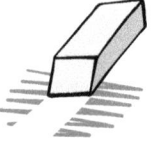

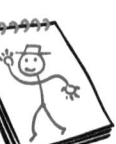

piirustus

ڈرائنگ

pensseli

پینٹ برش

vesivärit

پینٹ باکس

sakset

قینچی

liima

گوند

harjoituskirja

مشق کی کاپی

kotitehtävä

ہوم ورک

luku

ہندسہ

lisätä

جمع کریں

vähentää

منفی کریں

kertoa

ضرب دیں

laskea

شمار کریں

kirjain

خط

aakkoset

حروف تہجی

sana

لفظ

teksti

متن

lukea

پڑھنا

liitu

چاک

oppitunti

سبق

opettajan muistikirja

اندراج

koe

امتحان

todistus

سند

koulupuku

سکول یونیفارم

koulutus

تعلیم

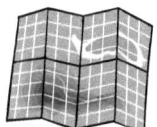

sanakirja

انسائیکلوپیڈیا

yliopisto

یونیورسٹی

mikroskooppi

خورد بین

kartta

نقشہ

roskakori

ویسٹ پیپر باسکٹ

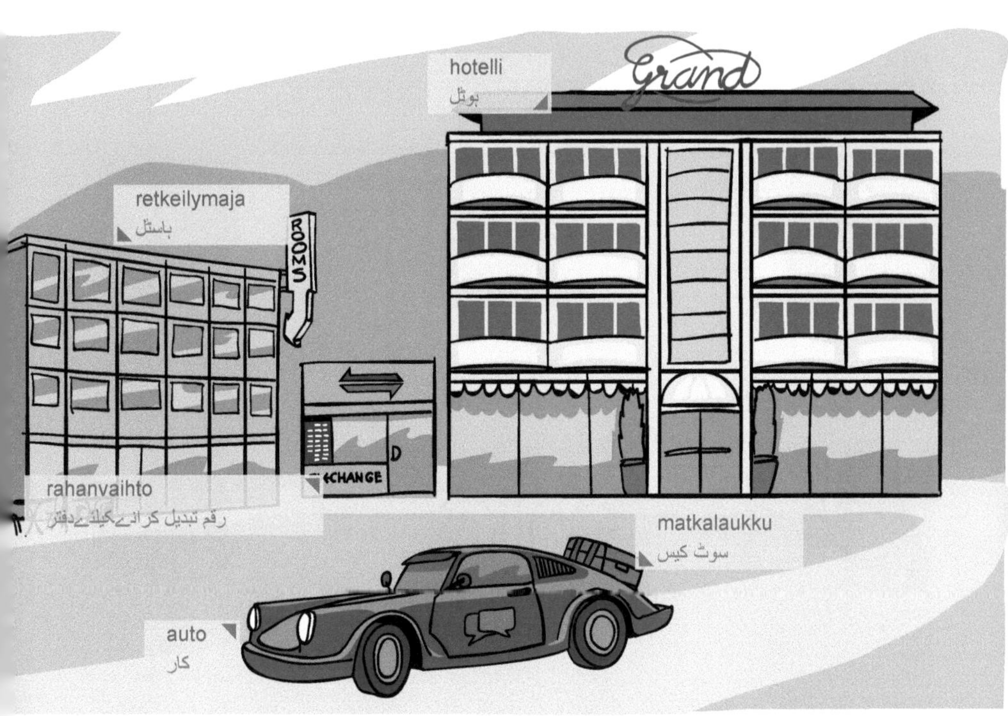

hotelli
ہوٹل
Grand
retkeilymaja
ہاسٹل
ROOMS
rahanvaihto
رقم تبدیل کرانے کیلئے دفتر
EXCHANGE
matkalaukku
سوٹ کیس
auto
کار

kieli

زبان

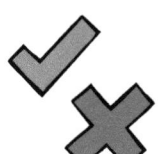

kyllä / ei

ہاں / نہیں

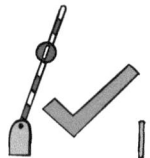

selvä

ٹھیک ہے

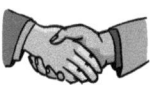

hei

ہیلو

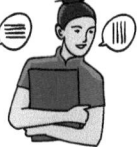

tulkki

مُترجم

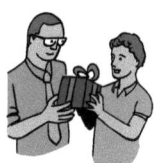

kiitos

شُکریہ

Paljonko...maksaa?

؟ـے تمیق ایک یک ---

en ymmärrä

اتھجمس ںیہن ںیم

ongelma

لکشم

Hyvää iltaa!

!ریخب ماش

Hyvää huomenta!

!ریخب حبص

Hyvää yötä!

!ریخب بش

näkemiin

عادولا

suunta

تمس

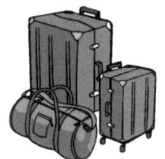

matkatavarat

نامام یرفس

laukku

گیب

reppu

گیب کیپ

vieras

نامہم

huone

هرمک

makuupussi

گیب گنپلس

teltta

ٹنیٹ

turisti-info

سياحوں کے لئے معلومات

ranta

ساحل

luottokortti

کریڈٹ کارڈ

aamupala

ناشتہ

lounas

لنچ

päivällinen

ڈنر

matkalippu

ٹکٹ

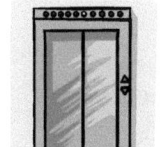

hissi

لفٹ

postimerkki

مہر

raja

سرحد

tulli

کسٹمز

suurlähetystö

سفارت خانہ

viisumi

ویزا

passi

پاسپورٹ

kuljetus

نقل وحمل

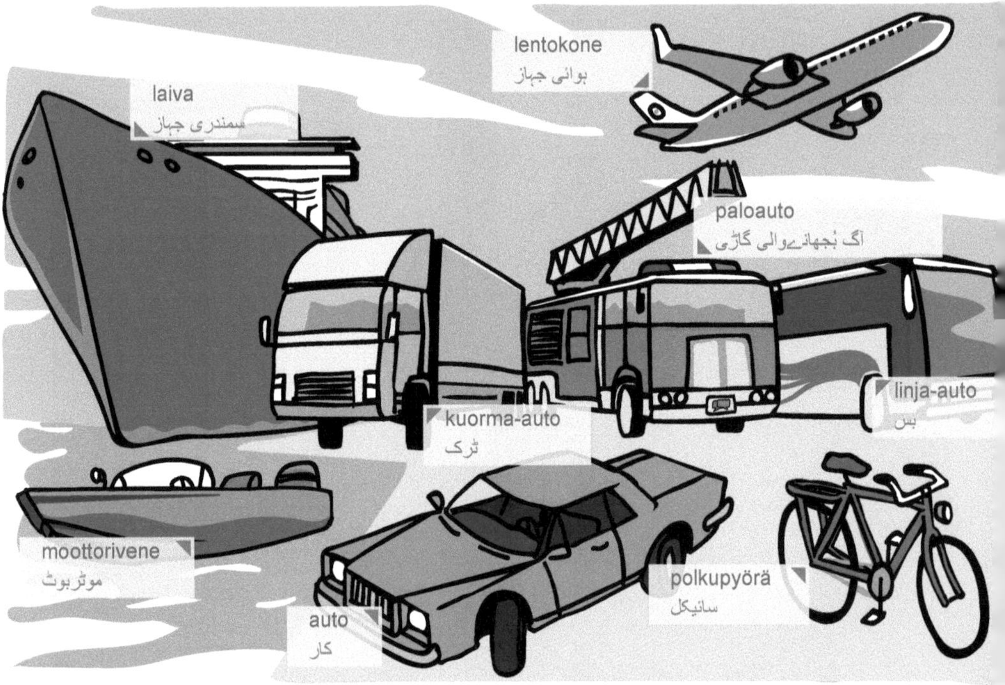

lentokone
ہوائی جہاز
laiva
سمندری جہاز
paloauto
آگ بُجھانے والی گاڑی
linja-auto
بس
kuorma-auto
ٹرک
moottorivene
موٹربوٹ
polkupyörä
سائیکل
auto
کار

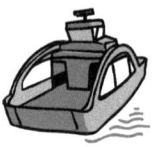

lautta

فیری

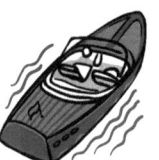

vene

کشتی

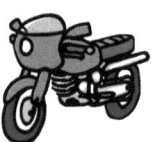

moottoripyörä

موٹرسائیکل

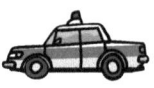

poliisiauto

پولیس کار

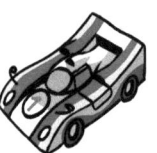

kilpa-auto

ریسنگ کار

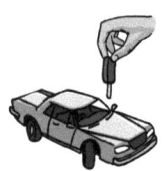

vuokra-auto

کرایہ پرکار

car sharing

کار کا اشتراک کرنا

hinausauto

کھینچنے والا ٹرک

roska-auto

کوڑے والا ٹرک

moottori

کار

polttoaine

ایندھن

huoltoasema

پٹرول اسٹیشن

liikennemerkki

ٹریفک کے نشانات

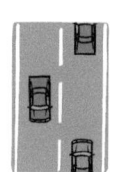

liikenne

ٹریفک

ruuhka

ٹریفک جام

parkkipaikka

کارپارک

rautatieasema

ٹرین اسٹیشن

raiteet

پٹڑیاں

juna

ٹرین

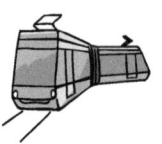

raitiovaunu

ٹرام

vaunu

ویگن

helikopteri

ہیلی کاپٹر

lentokenttä

انڑپورٹ

lähilennonjohto

تاور

matkustaja

مسافر

kontti

کنٹینر

pahvilaatikko

ٹیم

kärryt

ریڑھا

kori

ٹوکری

nousta / laskea

اڑان بھرنا / زمین پر اترنا

kaupunki

شہر

kylä

گاؤں

keskusta

سٹی سنٹر

talo

مکان

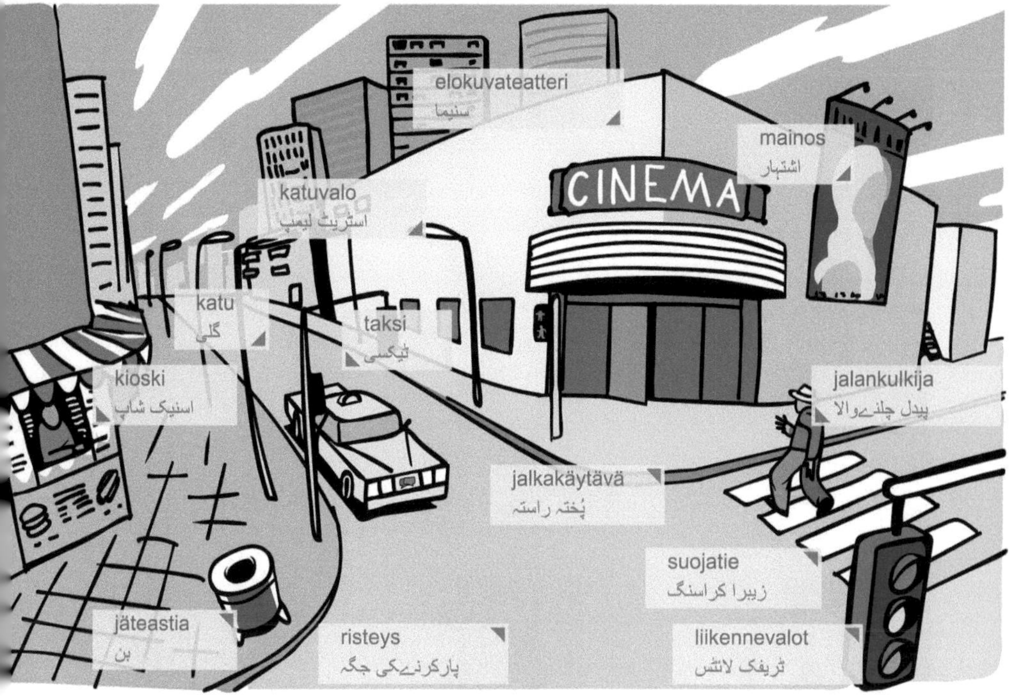
elokuvateatteri
سنیما
mainos
اشتہار
CINEMA
katuvalo
اسٹریٹ لیمپ
katu
گلی
taksi
ٹیکسی
kioski
اسنیک شاپ
jalankulkija
پیدل چلنےوالا
jalkakäytävä
پُختہ راستہ
suojatie
زیبرا کراسنگ
jäteastia
بن
risteys
پارکرنےکی جگہ
liikennevalot
ٹریفک لائٹس

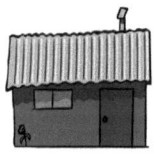

mökki

ہٹ

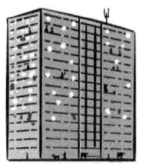

kerrostalo

فلیٹ

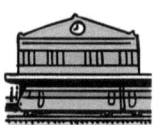

rautatieasema

ٹرین اسٹیشن

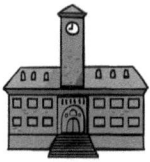

kaupungintalo

ٹاؤن ہال

MUSEUM

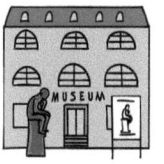

museo

عجائب گھر

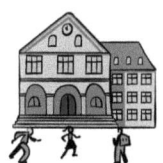

koulu

اسکول

yliopisto

یونیورسٹی

pankki

بینک

sairaala

ہسپتال

hotelli

ہوٹل

apteekki

فارمیسی

toimisto

دفتر

kirjakauppa

کتابوں کی دکان

liike

دکان

kukkakauppa

پھولوں کی دُکان

supermarketti

سُپرمارکیٹ

tori

مارکیٹ

tavaratalo

ڈیپارٹمنٹ سٹور

kalakauppias

مچھلی کی دُکان

ostoskeskus

شاپنگ سنٹر

satama

بندرگاہ

puisto

پارک

penkki

بنچ

silta

پُل

portaat

سیڑھیاں

metro

انڈرگراؤنڈ

tunneli

سُرنگ

linja-autopysäkki

بس اسٹاپ

baari

شراب خانہ

ravintola

ریسٹورنٹ

postilaatikko

پوسٹ باکس

katukyltti

اسٹریٹ سائن

parkkimittari

پارکنگ میٹر

eläintarha

چڑیا گھر

uimala

سوئمنگ پول

moskeija

مسجد

maatila

کھیت

ympäristön saastuminen

آلودگی

hautausmaa

قبرستان

kirkko

چرچ

leikkikenttä

کھیل کا میدان

temppeli

مندر

maisema

منظر

lehti
پتہ

tienviitta
رہنمائی کے لئے لگا ہوا بورڈ

tie
راستہ

niitty
سبزہ زار

kivi
پتھر

puu
درخت

retkeilijä
پیدل چلنے والا، ہائیکر

joki
دریا

ruoho
گھاس

kukka
پھول

laakso

وادی

vuori

پہاڑی

järvi

جھیل

metsä

جنگل

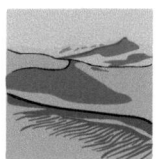

aavikko

صحرا

tulivuori

آتش فشاں

linna

قلعہ

sateenkaari

قوس قزح

sieni

کھمبی

palmu

کجھوركا درخت

hyttynen

مچھر

kärpänen

مکھی

muurahainen

چیونٹی

mehiläinen

مکھی

hämähäkki

مکڑا

kovakuoriainen

بھونرا

sammakko

مینڈک

orava

گلہری

siili

خارپُشت

jänis

خرگوش

pöllö

اُلو

lintu

پرندہ

joutsen

راج ہنس

villisika

سؤر

peura

برن

hirvi

امریکی بارہ سنگھا

pato

ڈیم

tuulimylly

ہوا سےچلنےوالی ٹربائین

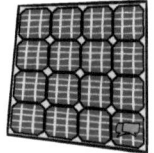

aurinkopaneeli

سولرپینل

ilmasto

آب وہوا

ravintola

ریسٹورنٹ

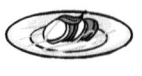

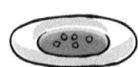

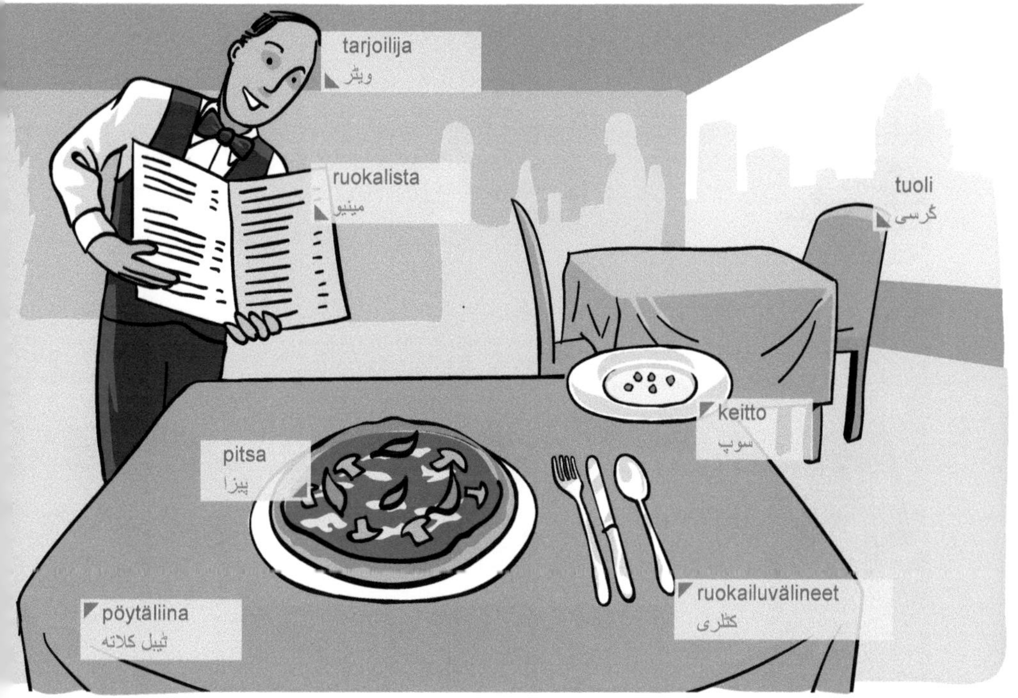

tarjoilija
ویٹر
ruokalista
مینیو
tuoli
کُرسی
keitto
سوپ
pitsa
پیزا
pöytäliina
ٹیبل کلاتھ
ruokailuvälineet
کٹلری

alkuruoka

استارٹر

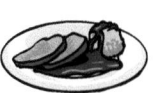

pääruoka

مین کورس

jälkiruoka

ڈیزرٹ

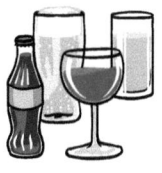

juomat

مشروبات

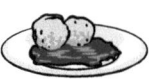

ruoka

کھانے کی اشیاء

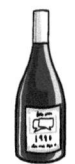

pullo

بوتل

pikaruoka

فاسٹ فوڈ

katuruoka

اسٹریٹ فوڈ

teekannu

چائےدانی

sokeriastia

ٹوگرباکس

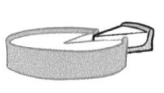

annos

حصہ

espressokeitin

ایسپریسو مشین

syöttötuoli

اونچی گرسی

lasku

بل

tarjotin

ٹرے

veitsi

چھُری

haarukka

کانٹا

lusikka

چمچ

teelusikka

چائےکا چمچ

servietti

سرویئٹی

lasi

شیشہ

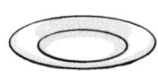

lautanen

پلیٹ

syvä lautanen

سوپ پلیٹ

aluslautanen

طشتری

kastike

چٹنی

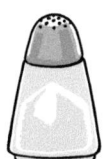

suolasirotin

سالٹ شیکر

pippurimylly

پیپرمل

etikka

سرکہ

öljy

خوردنی تیل

mausteet

مصالحے

ketsuppi

کیچپ

sinappi

سرسوں

majoneesi

میئونیز

supermarketti
سُپرمارکیٹ

tarjous
خصوصی پیشکش
FOR
asiakas
گاہک
maitotuotteet
ڈیری
ostoskärryt
ٹرالی
hedelmät
پھل

BUTCHERS

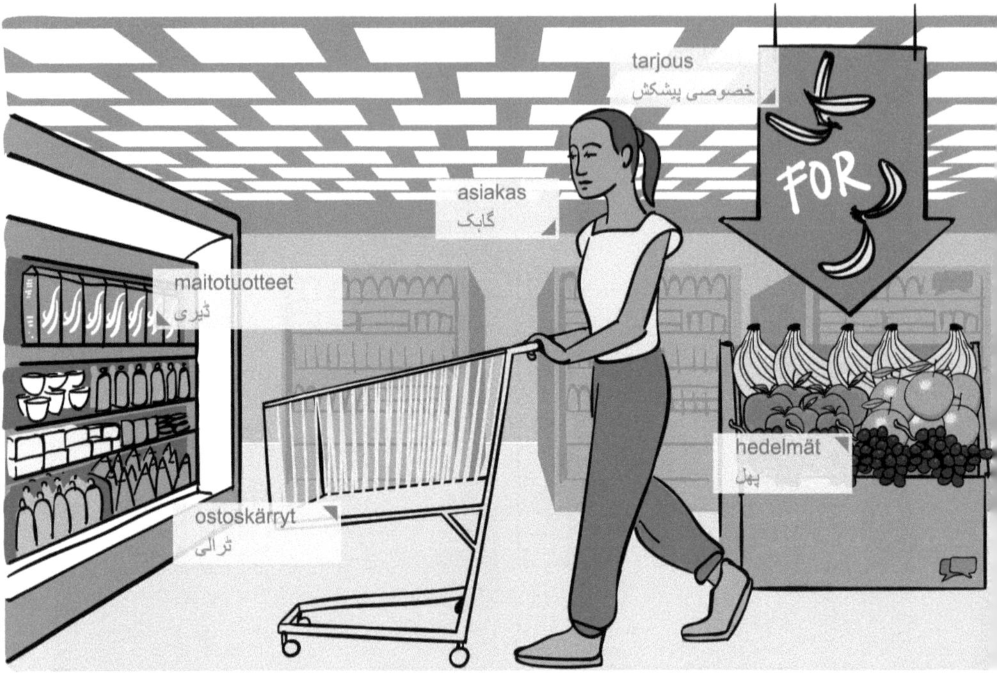

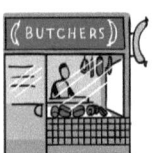

teurastamo

گوشت کی دُکان

BAKERY

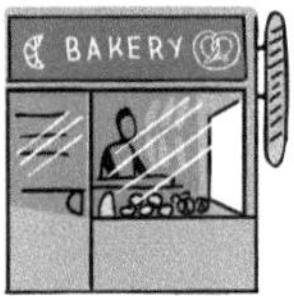

leipomo

بیکری

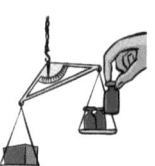

punnita

وزن کرنا

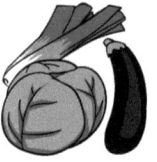

kasvikset

سبزیاں

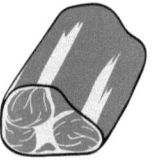

liha

گوشت

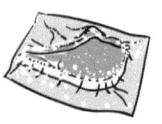

pakasteet

جما ہوا کھانا

leikkele

کولڈ کٹس

säilykkeet

ڈبے میں بند کھانا

pesujauhe

واشنگ پاؤڈر

makeiset

مٹھائیاں

kotitaloustarvikkeet

گھریلو مصنوعات

puhdistusaineet

صاف کرنے کیلئے مصنوعات

myyjä

سیلز پرسن

kassa

کیش رجسٹر

kassanhoitaja

کیشئیر

ostoslista

خریداری کی فہرست

aukioloajat

اوقاتِ کار

lompakko

بٹوہ

luottokortti

کریڈٹ کارڈ

kassi

تھیلا

muovipussi

پلاسٹک کے تھیلے

vesi

پانی

mehu

جوس، رس

maito

دودھ

kokis

کوک

viini

واٸن

olut

بیٸر

alkoholi

الکوحل

kaakao

کوکوآ

tee

چاٸے

kahvi

کافی

espresso

ایٸسپریسو

cappuccino

کیپاچینو

banaani

کیلا

omena

سیب

appelsiini

مالٹا

meloni

خربوزہ

sitruuna

لیموں

porkkana

گاجر

valkosipuli

لہسن

bambu

بانس

sipuli

پیاز

sieni

کھُمبی

pähkinät

اخروٹ، بادام وغیرہ

spagetti

نوڈلز

spagetti

اسپیگیٹی

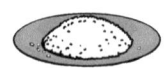

riisi

چاول

salaatti

سلاد

ranskalaiset

چپس

paistetut perunat

تلے گئے آلو

pitsa

پیزا

hampurilainen

بیم برگر

voileipä

سینڈوچ

leike

کٹلیٹ

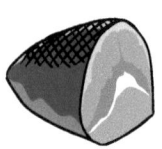

kinkku

سؤر کی ران کا گوشت

salami

گوشت کی اطالوی ساسیج

makkara

ساسیج

kana

مُرغی

paisti

روسٹ

kala

مچھلی

kaurahiutaleet

جئی کا دلیہ

mysli

میوزلی

murot

کارن فلیکس

jauho

آٹا

voisarvi

کرونیسنٹ

sämpylä

بریڈ رول

leipä

بریڈ

paahtoleipä

ٹوسٹ

keksit

بسکٹ

voi

مکھن

rahka

دہی

kakku

کیک

kananmuna

انڈا

paistettu kananmuna

فرائی کیا گیا انڈہ

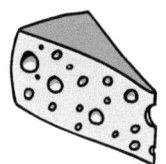

juusto

پنیر

jäätelö

آئس کریم

sokeri

چینی

hunaja

شہد

hillo

جام

suklaapähkinälevite

ناوگٹ کریم

curry

سالن

maatila

کھیت

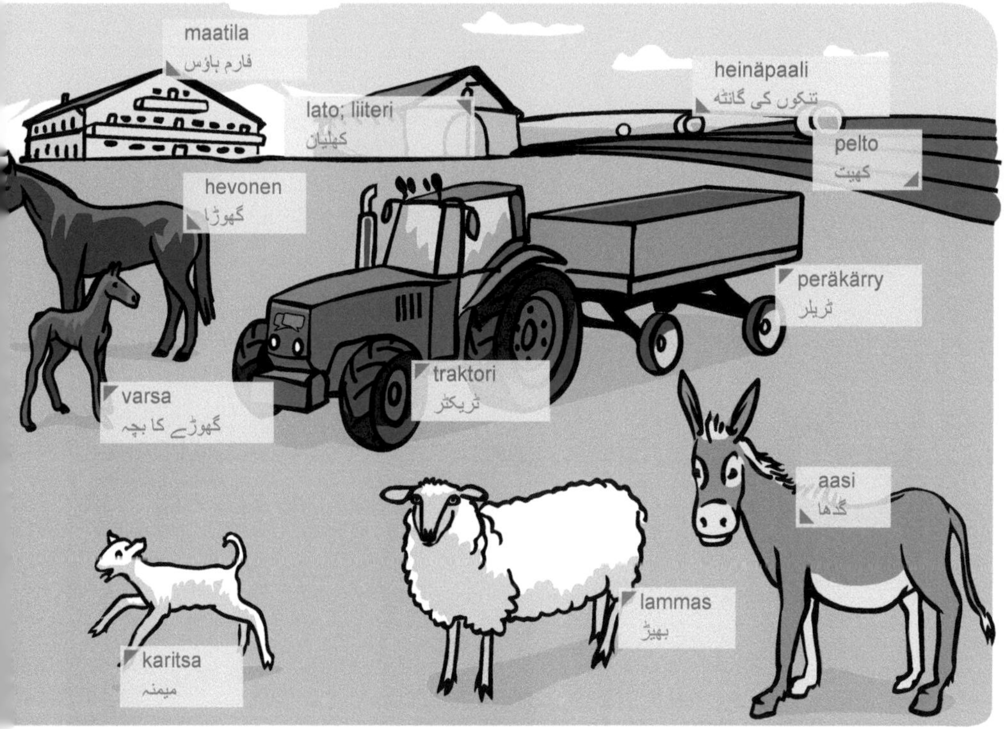

maatila
فارم ہاؤس
lato; liiteri
کھلیان
heinäpaali
تنکوں کی گانٹھ
pelto
کھیت
hevonen
گھوڑا
peräkärry
ٹریلر
traktori
ٹریکٹر
varsa
گھوڑے کا بچہ
aasi
گدھا
lammas
بھیڑ
karitsa
میمنہ

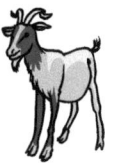

vuohi

بکری

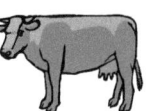

lehmä

گائے

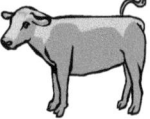

vasikka

بچھڑا

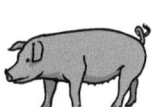

sika

سؤر

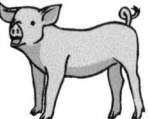

porsas

سؤر کابچہ

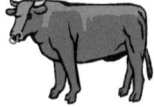

sonni

سانڈ

hanhi

راج ہنس

ankka

بطخ

tipu

چوزہ

kana

مُرغی

kukko

مُرغا

rotta

چوہا

kissa

بلی

hiiri

چوہا

härkä

بیل‌چم

koira

کتا

koirankoppi

کتے کا گھر

puutarhaletku

گارڈن ہاؤس

kastelukannu

پانی کا کین

viikate

درانتی

aura

ہل

sirppi

درانتی

kuokka

بیلچہ

talikko

ترنگل

kirves

کلہاڑا

kottikärryt

بتہ گاڑی

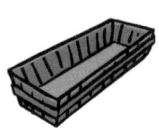

kaukalo

حوض

maitokannu

دودھ کا کین

säkki

تھیلا

aita

باڑ

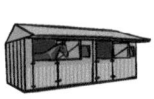

talli

اصطبل

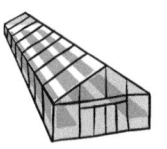

kasvihuone

گرین ہاؤس

maa

مٹی

siemen

بیج

lannoite

فرٹیلائیزر

leikkuupuimuri

کمبائن ہارویسٹر

kerätä sato

فصل کاٹنا

sato

فصل کاٹنا

jamssit

افریقی آلو

vehnä

گندم

soija

سویا

peruna

آلو

maissi

مکئی

rypsi

توریا کا تیل

hedelmäpuu

پھلداردرخت

maniokki

کساوا

vilja

دلیہ

talo

مکان

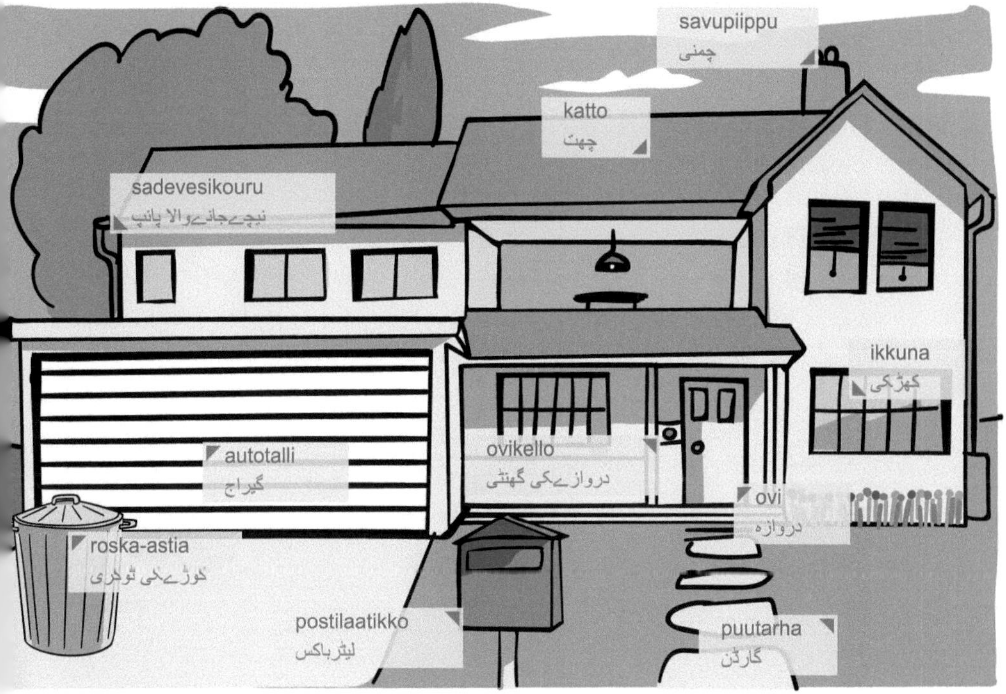
savupiippu
چمنی
katto
چھت
sadevesikouru
نیچے جانے والا پائپ
ikkuna
کھڑکی
autotalli
گیراج
ovikello
دروازے کی گھنٹی
ovi
دروازہ
roska-astia
کوڑے کی ٹوکری
postilaatikko
لیٹرباکس
puutarha
گارڈن

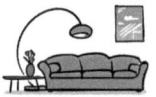

olohuone

لوونگ روم

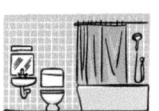

kylpyhuone

غُسل خانہ

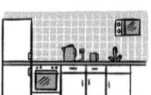

keittiö

باورچی خانہ

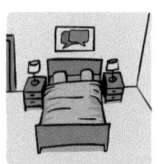

makuuhuone

بیڈروم

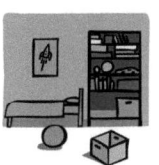

lastenhuone

بچوں کا کمرہ

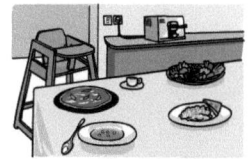

ruokahuone

کھانے کا کمرہ

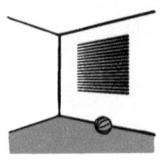

lattia

فرش

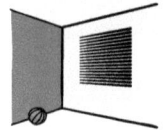

seinä

دیوار

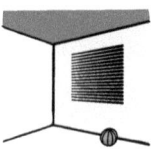

katto

چھت

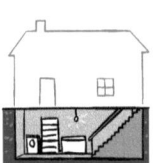

kellari

تہ خانہ

sauna

سوانا

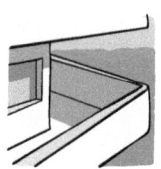

parveke

بالکونی

terassi

ٹیریس

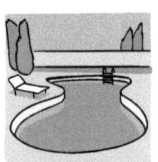

uima-allas

پول

ruohonleikkuri

گھاس کاٹنے کی مشین

lakana

چادر

päiväpeitto

چادر

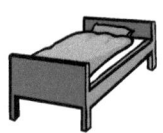

sänky

بستر

harja

جھاڑو

ämpäri

بالٹی

katkaisin

سوئچ

tapetti
وال پیپر

kuva
تصویر

lamppu
لیمپ

hylly
شیلف

kaappi
الماری

takka
آتش دان

televisio
ٹیلی ویژن

kukka
پھول

tyyny
گدی

maljakko
گلدان

sohva
صوفہ

kaukosäädin
ریموٹ کنٹرول

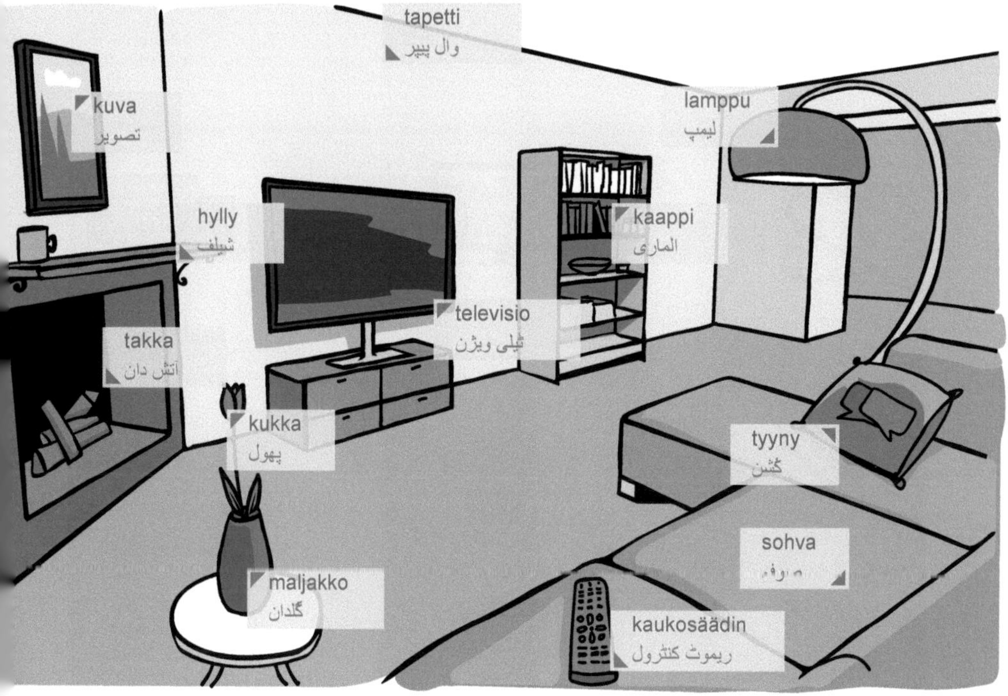

matto

قالین

verho

پردے

pöytä

میز

tuoli

کرسی

keinutuoli

ہلنے والی کرسی

nojatuoli

آرام کرسی

kirja

کتاب

peitto

کمبل

koriste

آرائش

polttopuut

جلانے کی لکڑی

elokuva

فلم

stereot

بانی فانی

avain

چابی

sanomalehti

اخبار

maalaus

پینٹنگ

juliste

پوسٹر

radio

ریڈیو

muistivihko

نوٹ بُک

pölynimuri

ویکیوم کلینر

kaktus

کیکٹس

kynttilä

موم بتی

keittiö
باورچی خانہ

jääkaappi
فرج
mikroaaltouuni
مائیکروویواوون
keittiövaaka
کچن اسکیل
leivänpaahdin
ٹوسٹر
pesuaine
کپڑے دھونے کا پاؤڈر
leivinuuni
چولہا
pakastinlokero
فریزر
roska-astia
کوڑے کی ٹوکری
astianpesukone
ڈش واشر

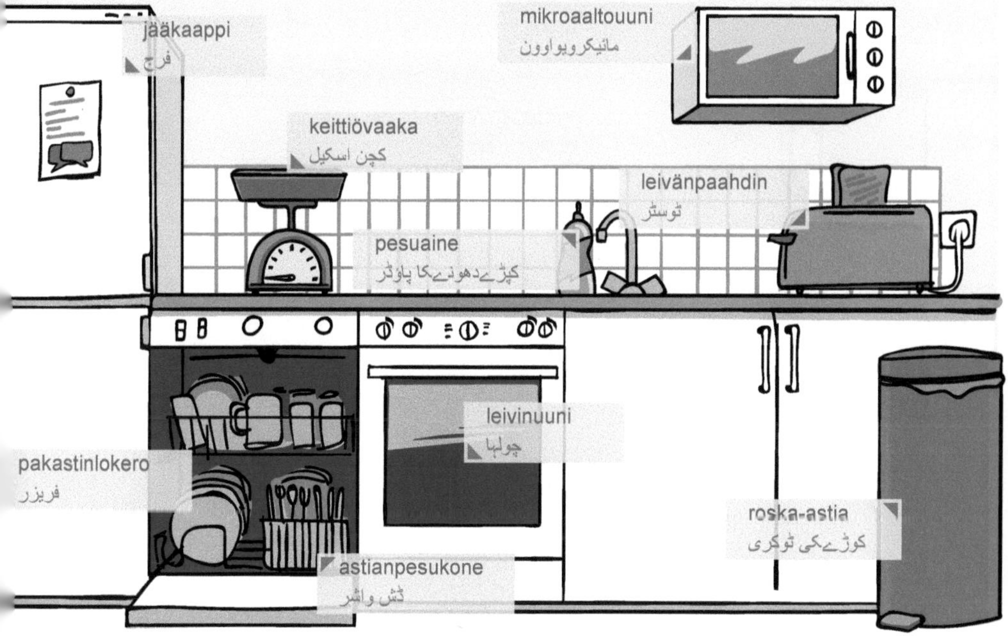

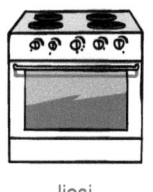

liesi

ککر

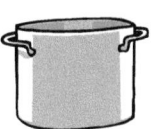

kattila

برتن

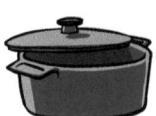

rautapata

لوہے کا برتن

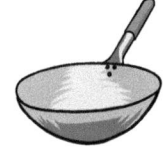

kkipannu / kadai-pannu

کڑاہی

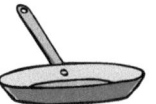

paistinpannu

برتن

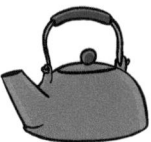

teepannu

کیتلی

höyrykeitin

اسٹیمر

uunipelti

بیکنگ ٹرے

astiat

کراکری

muki

مگ

kulho

پیالہ

syömäpuikot

چاپ اسٹکس

kauha

ڈوئی

paistinlasta

کفچہ

vispilä

جھاڑودینا

siivilä

مقطر

siivilä

چھلنی

raastin

گریٹر

mortteli

کونڈی

grilli

باربی کیو

avotuli

کھُلی آگ

leikkuulauta

چاپنگ بورڈ

kaulin

بیلن

korkinavaaja

کارک اسکریو

purkki

کین

purkinavaaja

کین اوپنر

pannulappu

برتن پکڑنےوالا کپڑا

lavuaari

سنک

tiskiharja

برش

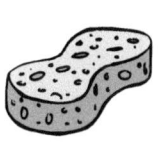

pesusieni

اسپونج

tehosekoitin

بلینڈر

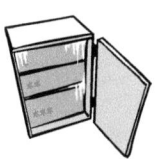

pakastin

ڈیپ فریز

tuttipullo

بچےکی بوتل

vesihana

ٹونٹی

kylpyhuone
غُسل خانہ

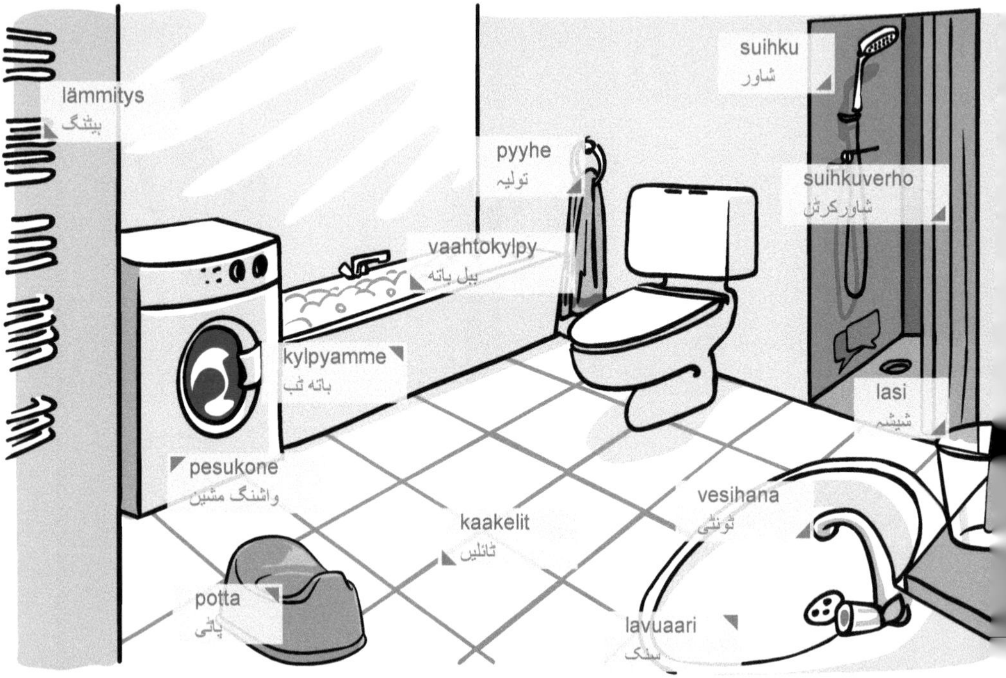

suihku
شاور
lämmitys
ہیٹنگ
pyyhe
تولیہ
suihkuverho
شاور کرٹن
vaahtokylpy
ببل باتھ
kylpyamme
باتھ ٹب
lasi
شیشہ
pesukone
واشنگ مشین
vesihana
ٹونٹی
kaakelit
ٹائلیں
potta
پاٹی
lavuaari
سنک

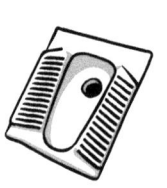

vessa
ٹائلٹ

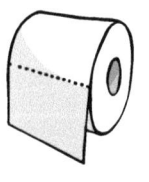

kyykkyvessa
دوزانوں بیٹھنےوالی ٹائلٹ

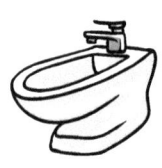

bidee
نچلاحصہ دھونےکیلئےپاٹ

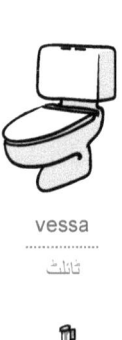

pisuaari
پیشاب گاہ

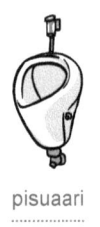

vessapaperi
ٹائلٹ پیپر

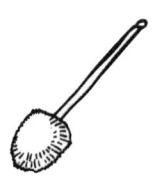

vessaharja
ٹائلٹ برش

hammasharja

توتھ برش

hammastahna

ٹوتھ پیسٹ

hammaslanka

ڈینٹل فلاس

pestä

دھونا

käsisuihku

ہینڈ شاور

intiimisuihku

شاور

pesuvati

بیسن

selkäharja

بیک برش

saippua

صابن

suihkugeeli

شاورجل

shampoo

شیمپو

pesulappu

فلالین

viemäri

ڈرین

voide

کریم

deodorantti

ڈیوڈورنٹ

peili

آئینہ

käsipeili

ہاتھ میں پکڑا جانےوالا آئینہ

partaveitsi

ریزر

partavaahto

شیونگ فوم

partavesi

آفٹر شیو

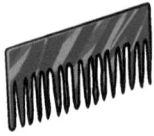

kampa

کنگھی

harja

برش

hiustenkuivaaja

ہینرڈرائر

hiuslakka

ہینراسپرے

meikki

میک اپ

huulipuna

لپ اسٹک

kynsilakka

نیل وارنش

pumpuli

روئی

kynsisakset

ناخن کاٹنےکی قینچی

hajuvesi

پرفیوم

kosmetiikkalaukku

واش بیگ

jakkara

پاخانہ

vaaka

وزن کرنےکی مشین

kylpytakki

باتھ روب

kumihansikkaat

ربڑ کے دستانے

tamponi

ٹیمپون

terveysside

سینیٹری ٹاول

kemiallinen wc

کیمیکل ٹائلٹ

lastenhuone

بچوں کا کمرہ

herätyskello
الارم کلاک
pehmolelu
کڈلی ٹوائے
leikkiauto
کھلونا کار
helistin
جُھنجھنا
nukkekoti
گڑیا گھر
lahja
موجود

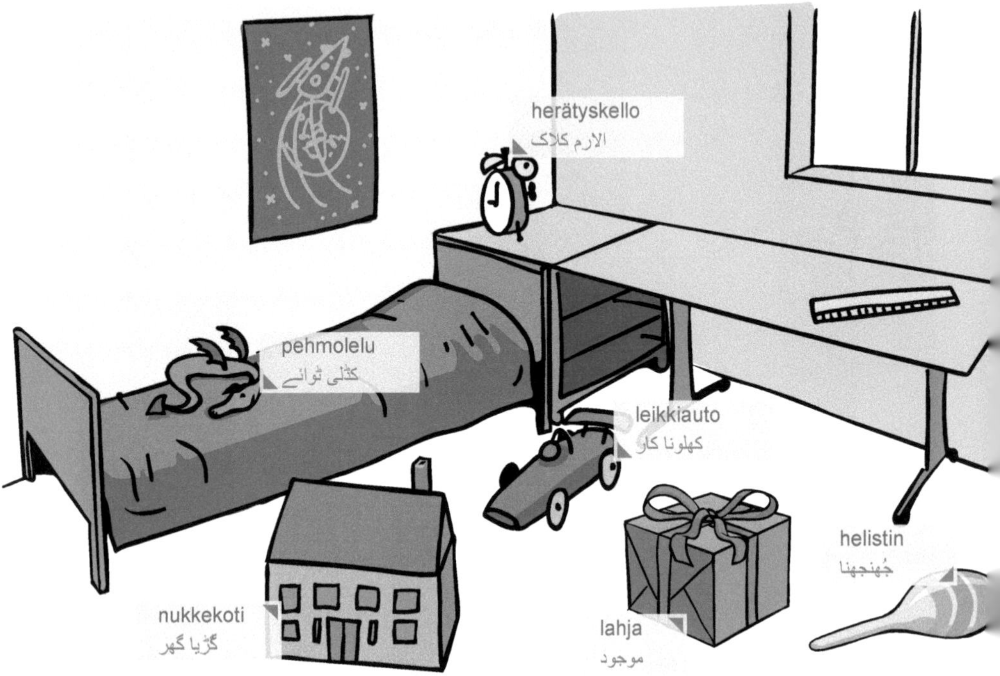

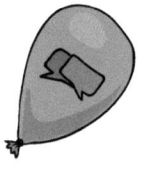

ilmapallo

غبارہ

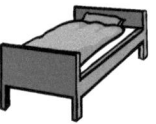

sänky

بستر

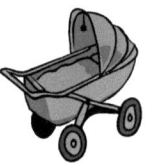

lastenvaunut

پرام

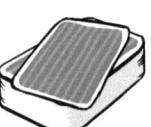

korttipeli

ڈیک آف کارڈز

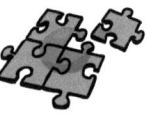

palapeli

جگسا

sarjakuva

کامک

legopalikat

ليگوبرکس

rakennuspalikat

کھلونا بلاکس

supersankari

ایکشن فگر

potkupuku

بچےکا لباس

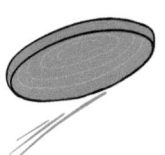

frisbee

فرسبی

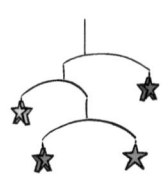

mobile

کھلونا موبائل

lautapeli

بورڈ گیم

noppa

ڈائس

pienoisjunarata

ماڈل ٹرین سیٹ

tutti

ڈمی

juhlat

پارٹی

kuvakirja

تصاویروالی کتاب

pallo

گیند

nukke

گڑیا

leikkiä

کھیلنا

hiekkalaatikko

سینڈ پٹ

keinu

جھولا جھولنا

lelut

کھلونے

pelikonsoli

وڈیوگیم کنسول

kolmipyörä

تین پہیوں والی سائیکل

nalle

ٹیڈی بیئر

vaatekaappi

کپڑوں کی الماری

sukat

موزے

nylonsukat

اسٹاکنگز

sukkahousut

ٹائٹس

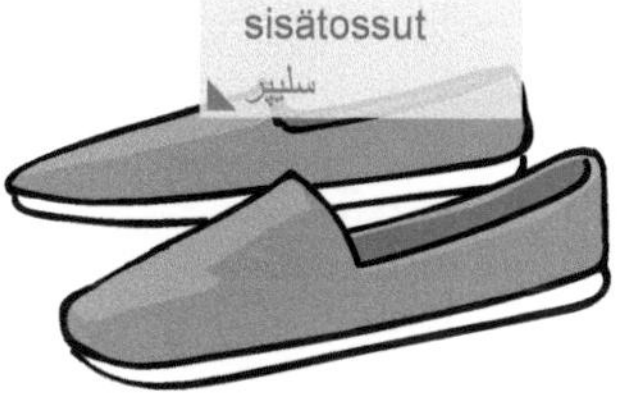

kaulaliina
اسکارف

sateenvarjo
چھتری

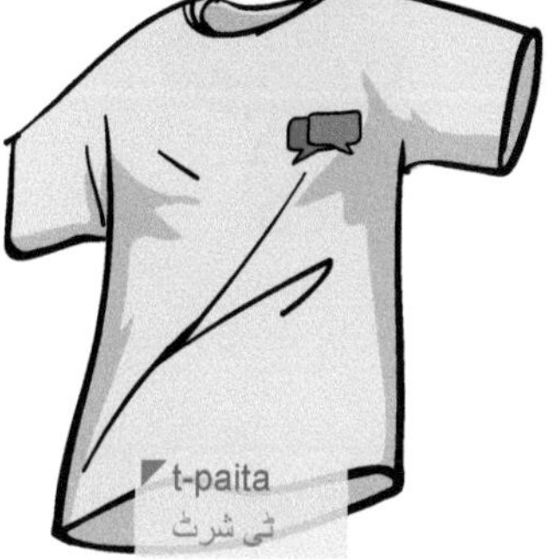

t-paita
ٹی شرٹ

vyö
بیلٹ

saappaat
بوٹ

sisätossut
سلیپر

lenkkarit
اسنیکرز

sandaalit
سینڈل

kengät
جوتے

kumisaappaat
ربڑ کے بوٹس

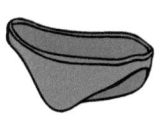

alushousut
زیرجامہ

rintaliivit
بریزئیر

aluspaita
واسکٹ

body

جسم

housut

پتلون

farkut

جینز

hame

اسکرٹ

pusero

بلاؤز

paita

قمیض

villapaita

پُل اوور

collegepaita

سویٹر

jakku

بلیزر

takki

جیکٹ

takki

کوٹ

sadetakki

رین کوٹ

puku

کوئی خاص لباس

mekko

لباس

hääpuku

شادی کا لباس

puku

سوٹ

yöpaita

نائٹ گاؤن

pyjama

پنجامہ

shari

ساڑھی

päähuivi

سر پر لیا جانے والا اسکارف

turbaani

پگڑی

burka

بُرقع

kaftaani

کفتان

abaya

عبایہ

uimapuku

تیراکی کا سوٹ

uimahousut

ٹرنک

shortsit

نیکر

verkkarit

ٹریک سوٹ

esiliina

ایپرن

käsineet

دستانے

nappi

بٹن

silmälasit

عینک

rannekoru

کنگن

kaulakoru

ہار

sormus

انگوٹھی

korvakoru

کانوں کی بالیاں

lippalakki

ٹوپی

ripustin

کوٹ ہینگر

hattu

ہیٹ

solmio

ٹائی

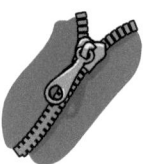

vetoketju

زپ

kypärä

ہیلمٹ

henkselit

بریسز

koulupuku

سکول یونیفارم

univormu

وردی

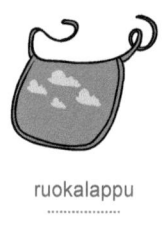

ruokalappu

بب

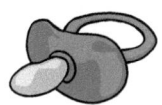

tutti

ڈمی

vaippa

نیپی

toimisto

دفتر

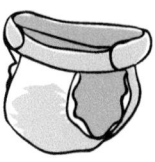

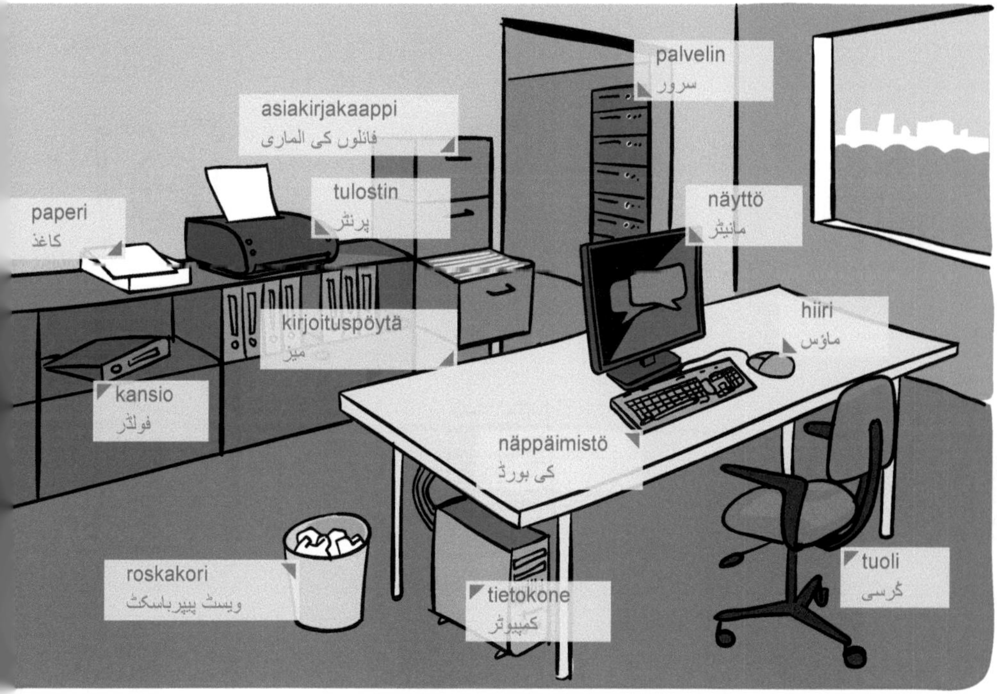

palvelin
سرور
asiakirjakaappi
فائلوں کی الماری
tulostin
پرنٹر
paperi
کاغذ
näyttö
مانیٹر
hiiri
ماؤس
kirjoituspöytä
میز
kansio
فولڈر
näppäimistö
کی بورڈ
roskakori
ویسٹ پیپرباسکٹ
tietokone
کمپیوٹر
tuoli
کرسی

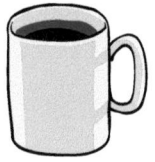

kahvimuki

کافی مگ

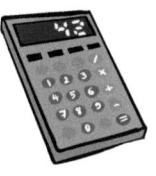

taskulaskin

کیلکولیٹر

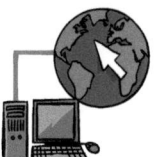

internet

انٹرنیٹ

kannettava tietokone

لیپ ٹاپ

kirje

خط

viesti

پیغام

kännykkä

موبائل

verkko

نیٹ ورک

kopiokone

فوٹوکاپنیر

ohjelmisto

سافٹ ویئر

puhelin

ٹیلی فون

pistorasia

پلگ ساکٹ

faksi

فیکس مشین

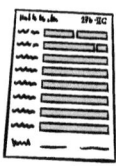

lomake

فارم

asiakirja

دستاویز

ostaa

خریدنا

maksaa

ادائیگی کرنا

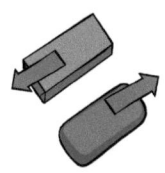

vaihtaa

تجارت کرنا

raha

رقم

USD

dollari

ڈالر

EUR

euro

یورو

JPY

jeni

ین

RUB

rupla

روبل

CHF

frangi

سوئس فرانک

CNY

renminbi juan

رینمنیبی یوآن

INR

rupia

روپیہ

pankkiautomaatti

کیش پوائنٹ

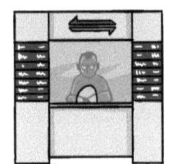

rahanvaihto

رقم تبدیل کرانے کیلئے دفتر

kulta

سونا

hopea

چاندی

öljy

خام تیل

energia

توانائی

hinta

قیمت

sopimus

معاہدہ

vero

ٹیکس

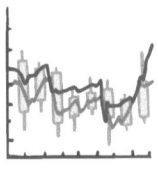

osake

اسٹاک

työskennellä

کام کرنا

työntekijä

ملازم

työnantaja

اُجر

tehdas

فیکٹری

liike

دکان

ammatit

پیشے

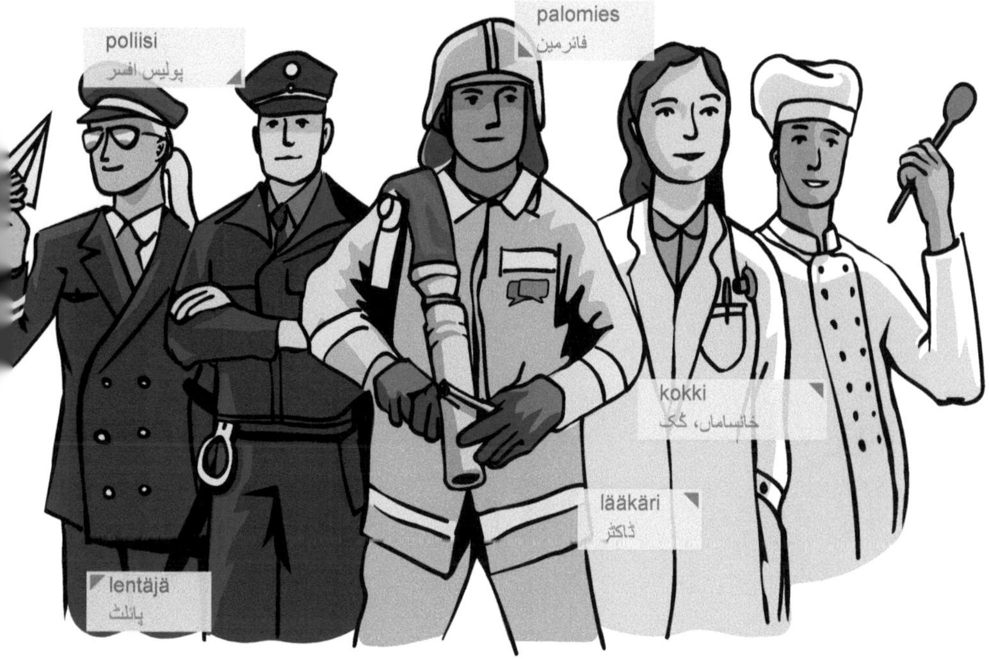

poliisi
پولیس افسر
palomies
فائرمین
kokki
خانساماں، کُک
lääkäri
ڈاکٹر
lentäjä
پائلٹ

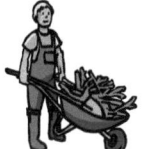

puutarhuri

مالی

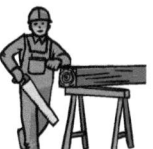

puuseppä

ترکھان

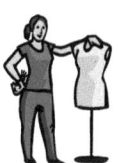

ompelija

درزن

tuomari

جج

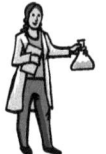

kemisti

کیمسٹ

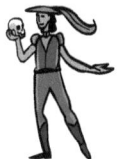

näyttelijä

اداکار

linja-autonkuljettaja

بس ڈرائیور

taksinkuljettaja

ٹیکسی ڈرائیور

kalastaja

مچھیرا

siivooja

صفائی کرنے والی عورت

katontekijä

چھت بنانے والا

tarjoilija

ویٹر

metsästäjä

شکاری

maalari

پینٹر

leipuri

بیکر

sähköasentaja

الیکٹریشین

rakentaja

بلڈر

insinööri

انجینئر

teurastaja

قصائی

putkiasentaja

پلمبر

postinjakaja

ڈاکیا

ammatit - پیشے

sotilas

سپاہی

arkkitehti

آرکیٹیکٹ

kassanhoitaja

کیشنیر

floristi

پھول بیچنےوالا

kampaaja

نائی

konduktööri

کنڈکٹر

mekaanikko

مکینک

kapteeni

کپتان

hammaslääkäri

ڈینٹسٹ

tiedemies

سائنسدان

rabbi

یہودی عالم

imaami

امام

munkki

راہب

pappi

پادری

työkalut

اوزار

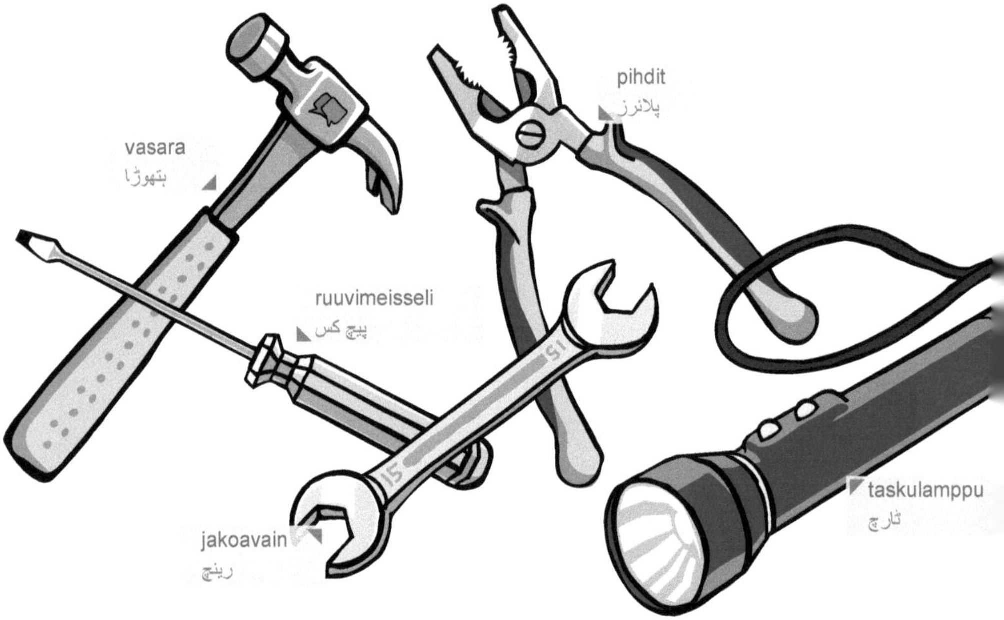
pihdit
پلائرز
vasara
ہتھوڑا
ruuvimeisseli
پیچ کس
taskulamppu
ٹارچ
jakoavain
رینچ

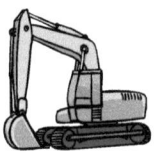

kaivinkone

ایکسکویٹر

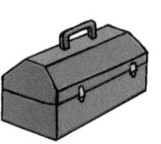

työkalupakki

ٹول باکس

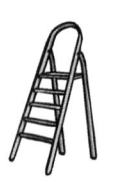

tikkaat

سیڑھی

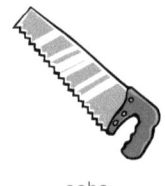

saha

آری

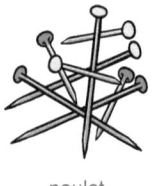

naulat

کیل

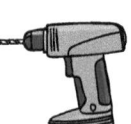

pora

ڈرل

korjata

مرمت کرنا

lapio

بیلچہ

Hitto!

لعنت ہو!

rikkalapio

ٹسٹ پین

maalipurkki

پینٹ پاٹ

ruuvit

پیچ

soittimet

آلات موسیقی

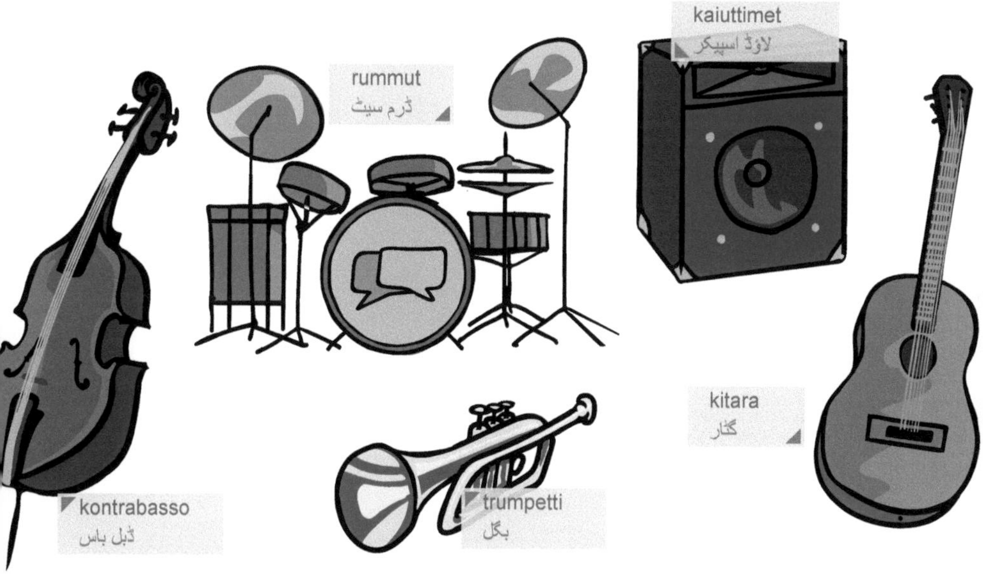

kaiuttimet
لاؤڈ اسپیکر

rummut
ڈرم سیٹ

kitara
گٹار

trumpetti
بگل

kontrabasso
ڈبل باس

piano

پیانو

viulu

وائلن

basso

موسیقی کی آواز

patarummut

ٹمپانی

rumpu

ڈھول، ڈرمز

kosketinsoitin

کی بورڈ

saksofoni

سیکسوفون

huilu

بانسری

mikrofoni

مائیکروفون

eläintarha
چڑیا گھر

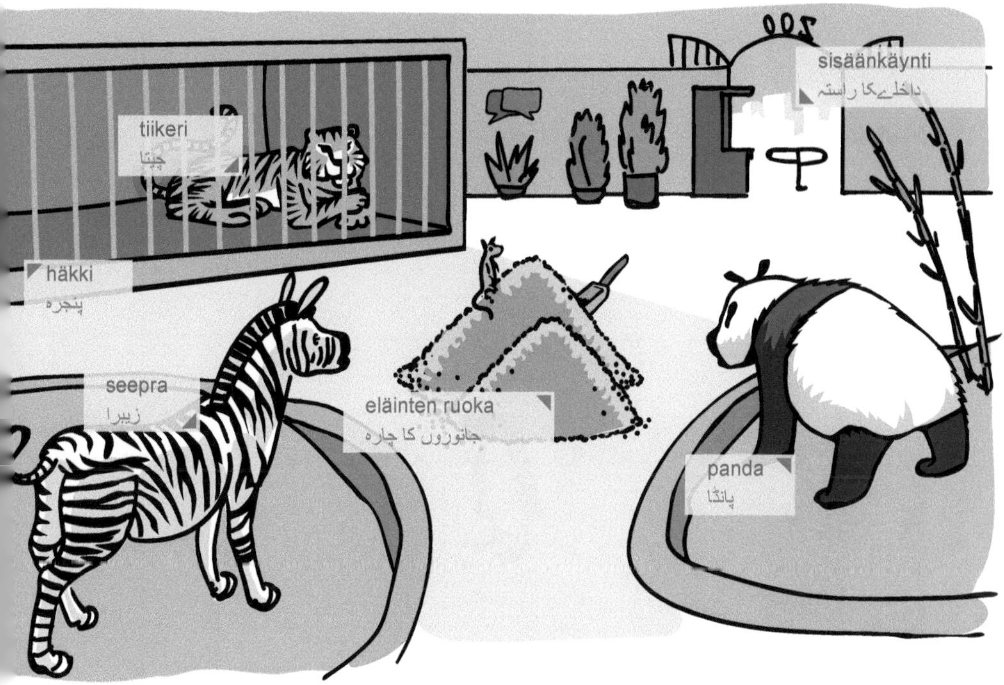
sisäänkäynti
داخلے کا راستہ
tiikeri
چیتا
häkki
پنجرہ
seepra
زیبرا
eläinten ruoka
جانوروں کا چارہ
panda
پانڈا

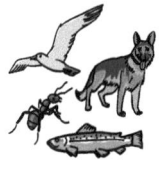

eläimet

جانور

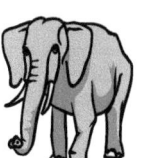

norsu

ہاتھی

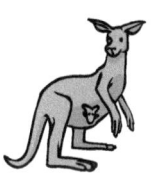

kenguru

کینگرو

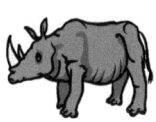

sarvikuono

گینڈا

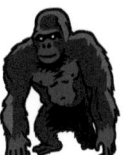

gorilla

گوریلا

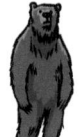

karhu

ریچھ

kameli

اونٹ

strutsi

شُتَرمُرغ

leijona

شیر

apina

بندر

flamingo

فلیمنگو

papukaija

طوطا

jääkarhu

قطبی ریچھ

pingviini

کبوتر

hai

شارک

riikinkukko

مور

käärme

سانپ

krokotiili

مگرمچھ

eläintarhanhoitaja

چڑیا گھر کا محافظ

hylje

سیل

jaguaari

امریکی تیندوا

poni

ٹٹو

leopardi

چیتا

virtahepo

دریائی گھوڑا

kirahvi

زرافہ

kotka

عقاب

villisika

سؤر

kala

مچھلی

kilpikonna

کچھوا

mursu

سمندری گھوڑا

kettu

لومڑی

gaselli

غزال ہرن

amerikkalainen jalkapallo
امریکن فٹ بال

pyöräily
سائیکلنگ

tennis
ٹینس

koripallo
باسکٹ بال

uinti
پیراکی

jääkiekko
آئس ہاکی

nyrkkeily
باکسنگ

jalkapallo
فٹ بال

sulkapallo
بیڈمنٹن

yleisurheilu
اتھلیٹکس

käsipallo
ہینڈ بال

hiihto
اسکیینگ

poolo
پولو

aktiviteetit
سرگرمیاں

ätä
چھلانگ
halata
گلے لگانا
nauraa
ہنسنا
kävellä
چلنا
laulaa
گانا
unelmoida
خواب دیکھنا
rukoilla
دُعا کرنا
suudella
چُومنا

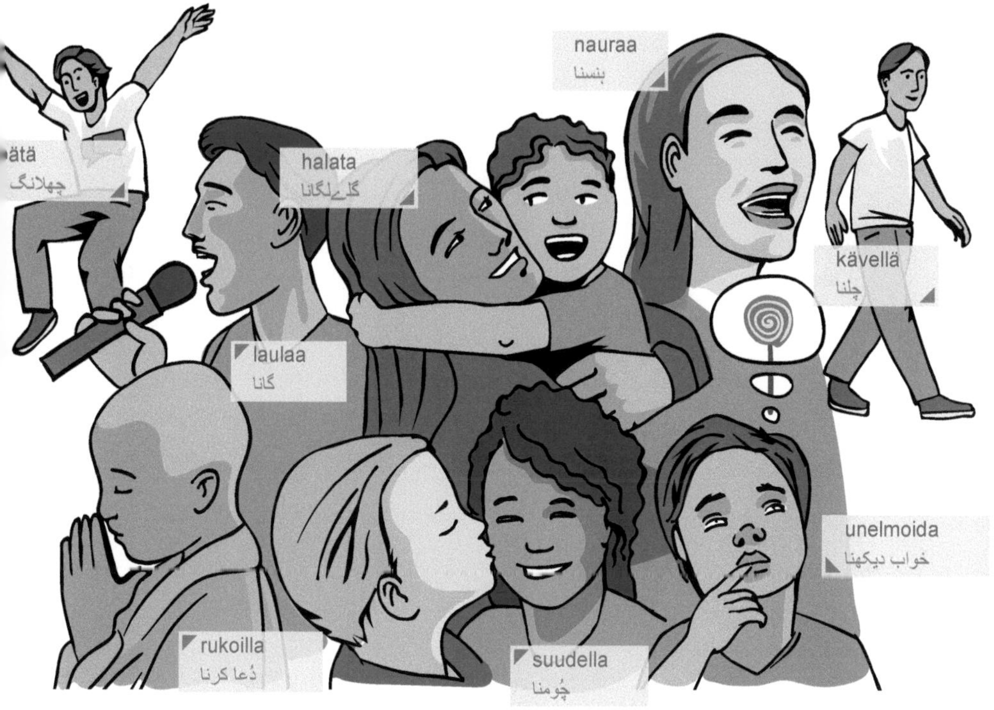

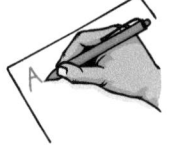

kirjoittaa

لکھنا

piirtää

تصویرکشی کرنا

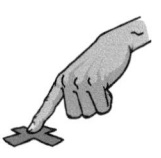

näyttää

دکھانا

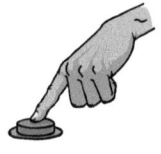

painaa

آگے کی طرف دھکیلنا

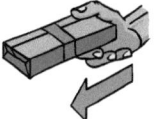

antaa

دینا

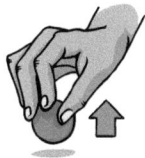

ottaa

لینا

omistaa

رکھنا

tehdä

کرنا

olla

ہونا

seisoa

کھڑا ہونا

juosta

دوڑنا

vetää

کھینچنا

heittää

پھینکنا

kaatua

گرنا

maata

جھوٹ بولنا

odottaa

انتظار کرنا

kantaa

اٹھانا

istua

بیٹھنا

pukeutua

ملبوس ہونا

nukkua

سونا

herätä

جاگنا

katsoa

دیکھنا

itkeä

رونا

silittää

چوٹ لگانا

kammata

کنگھی کرنا

puhua

بات کرنا

ymmärtää

سمجھنا

kysyä

پوچھنا

kuunnella

مُتوجہ ہونا

juoda

پینا

syödä

کھانا

siivota

صاف کرنا

rakastaa

پیار کرنا

keittää

پکانا

ajaa

گاڑی چلانا

lentää

اڑنا

purjehtia

بحری سفرکرنا

laskea

شمارکریں

lukea

پڑھنا

oppia

سیکھنا

työskennellä

کام کرنا

mennä naimisiin

شادی کرنا

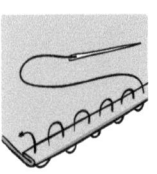

ommella

سینا

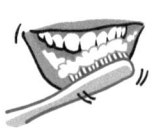

pestä hampaat

دانت صاف کرنا

tappaa

جان سے ماردینا

tupakoida

تمباکونوشی کرنا

lähettää

بھیجنا

perhe

خاندان

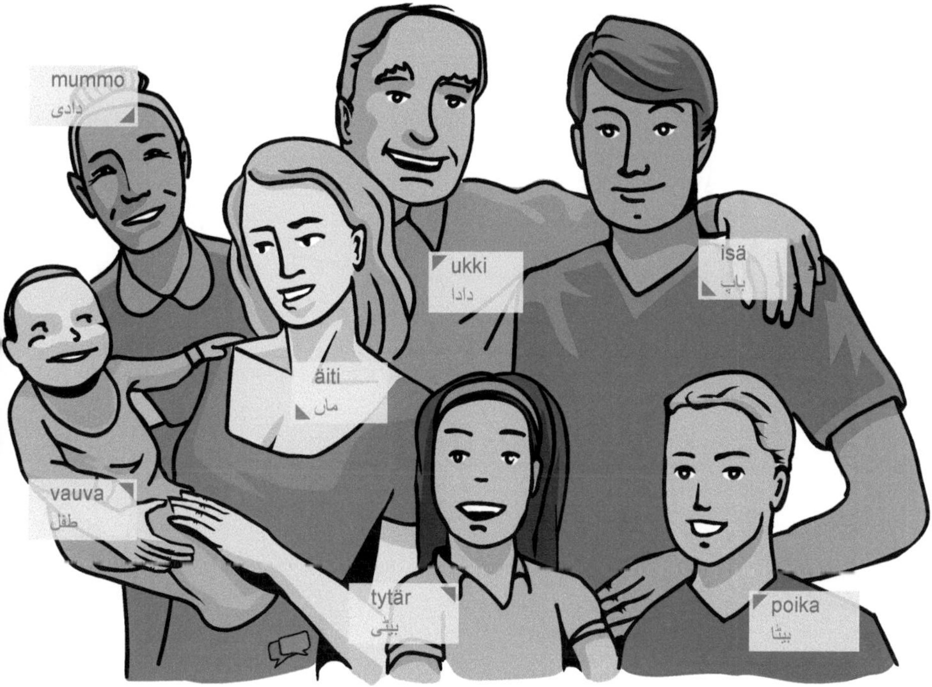

mummo
دادی
ukki
دادا
isä
باپ
äiti
ماں
vauva
طفل
tytär
بیٹی
poika
بیٹا

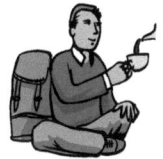

vieras
مہمان

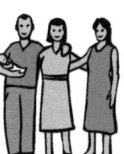

täti
چچی

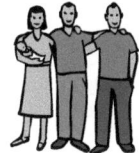

setä
چچا

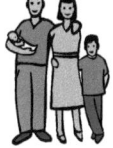

veli
بھائی

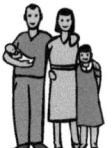

sisko
بہن

vartalo

جسم

otsa
ماتھا
silmä
آنکھ
olkapää
کندھا
sormet
انگلی
kasvot
چہرہ
leuka
ٹھوڑی
käsi
ہاتھ
jalka
ٹانگ
rinta
چھاتی
käsivarsi
بازو

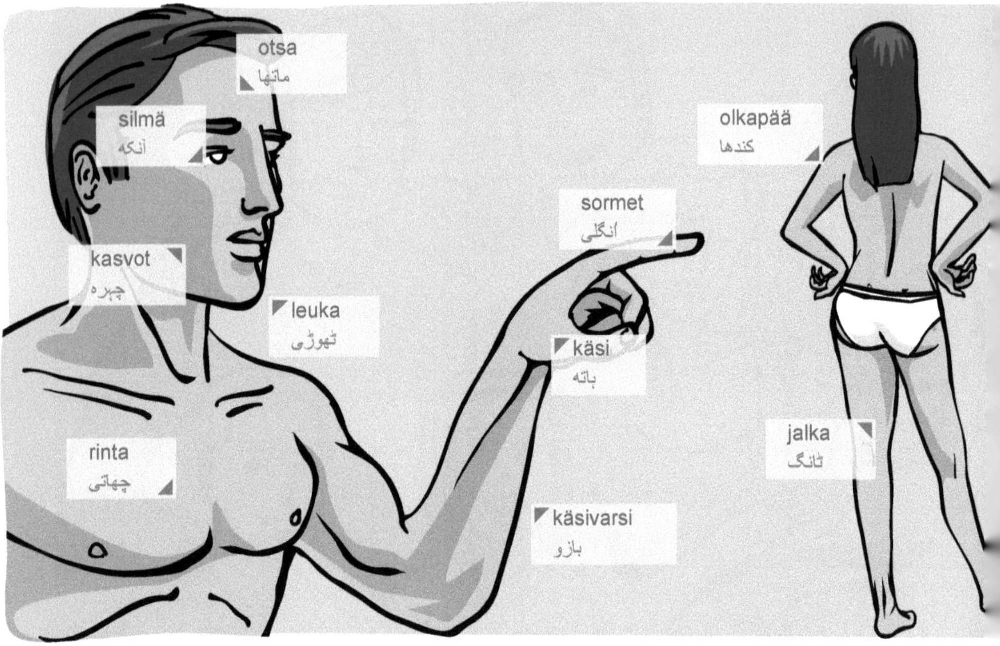

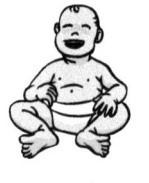

vauva

طفل

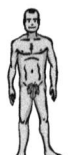

mies

آدمی

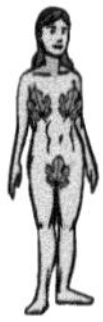

nainen

عورت

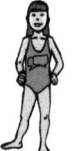

tyttö

لڑکی

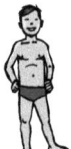

poika

لڑکا

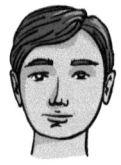

pää

سر

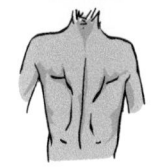

selkä

کمر

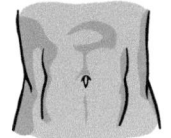

maha

پیٹ

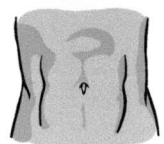

napa

ناف

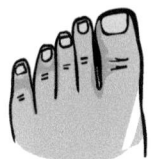

varvas

پاؤں کا انگوٹھا

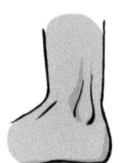

kantapää

ایڑھی

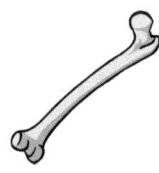

luu

ہڈی

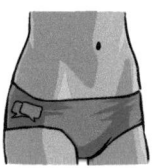

lantio

کولہا

polvi

گھٹنا

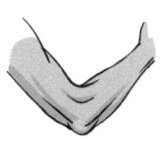

kyynärpää

کہنی

nenä

ناک

takapuoli

نچلا حصہ

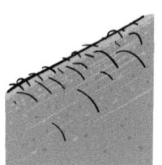

iho

جلد

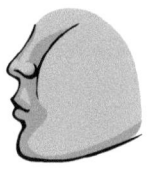

poski

گال

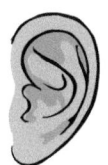

korva

کان

huuli

ہونٹ

suu

مُنہ

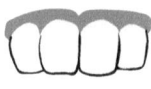

hammas

دانت

kieli

زبان

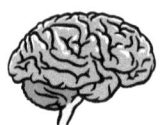

aivot

دماغ

sydän

دل

lihas

پٹھہ

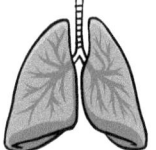

keuhkot

پھیپھڑا

maksa

جگر

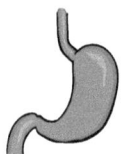

vatsa

معدہ

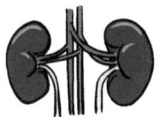

munuaiset

گردے

seksi

جنس

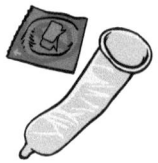

kondomi

کنڈوم

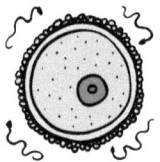

munasolu

بیضہ

sperma

مادہ منویہ

raskaus

حمل

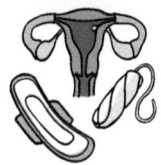

kuukautiset

حیض

vagina

اندام نهانی

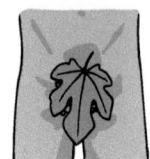

penis

عضوتناسل

kulmakarvat

بھنویں

hiukset

بال

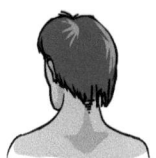

niska

گردن

sairaala
ہسپتال

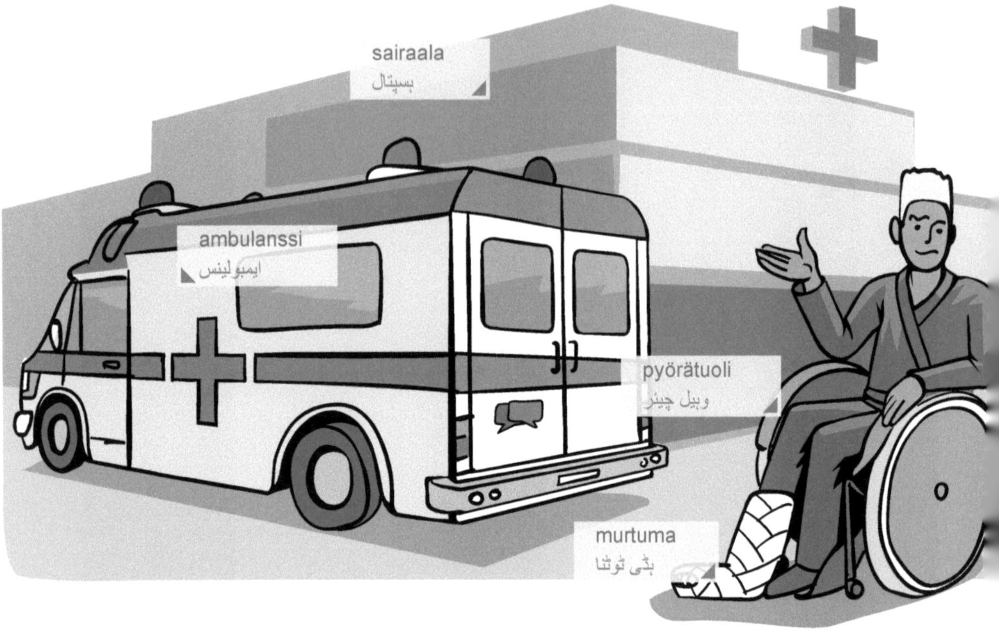

sairaala
ہسپتال
ambulanssi
ایمبولینس
pyörätuoli
وہیل چیئر
murtuma
ہڈی ٹوٹنا

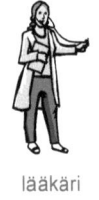

läākäri
ڈاکٹر

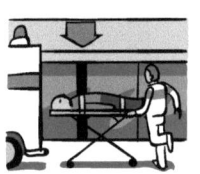

ensiapu
ہنگامی کمرہ

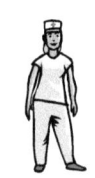

sairaanhoitaja
نرس

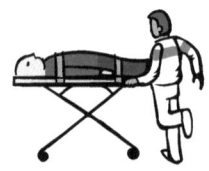

hätätilanne
ہنگامی صورتحال

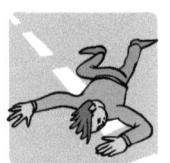

tajuton
بےہوش

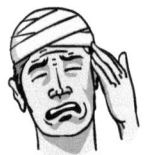

kipu
درد

vamma

زخم

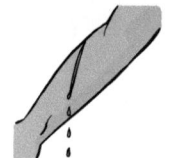

verenvuoto

خون بہنا

sydänkohtaus

دل کا دورہ

aivoinfarkti

فالج

allergia

الرجی

yskä

کھانسی

kuume

بخار

flunssa

زکام

ripuli

اسہال

päänsärky

سردرد

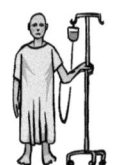

syöpä

کینسر

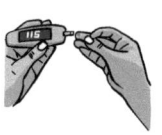

diabetes

ذیابیطس

kirurgi

سرجن

veitsi

نشتَر

leikkaus

آپریشن

ct

سی ٹی

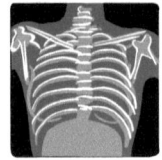

röntgen

ایکس رے

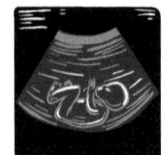

ultraääni

الٹراساؤنڈ

maski

چہرے کا نقاب

sairaus

بیماری

odotushuone

انتظارگاہ

sauva

بیساکھی

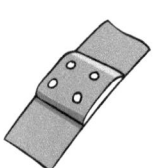

laastari

پلاسٹر

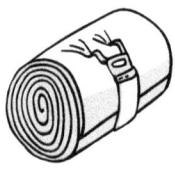

side

پٹی

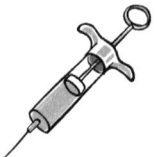

pistos

انجکشن

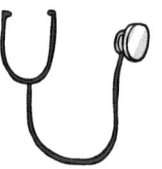

stetoskooppi

اسٹیتھواسکوپ

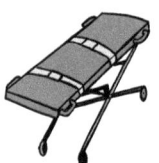

paarit

اسٹریچر

kuumemittari

مطبی تھرما میٹر

syntymä

پیدائش

ylipaino

حد سےزیادہ وزن

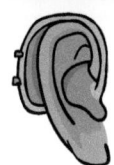

kuulolaite

آلہ سماعت

desinfiointiaine

جراثیم کش

infektio

انفیکشن

virus

وائرس

HIV / AIDS

ایچ آئی وی/ ایڈز

lääke

دوا

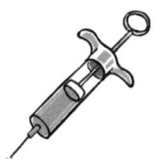

rokotus

ویکسی نیشن

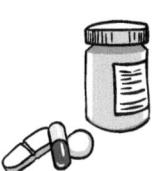

tabletit

گولیاں

pilleri

گولی

hätäpuhelu

بنگامی کال

verenpainemittari

بلڈ پریشرمانیٹر

sairas / terve

بیمار/ صحتمند

Apua!

ﻣﺪﺩ!

hälytys

ﺍﻻﺭﻡ

ryöstö

ﻣُﺠﺮﻣﺎﻧﮧ ﺣﻤﻠﮧ

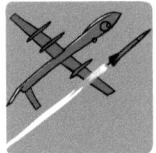

hyökkäys

ﺣﻤﻠﮧ

vaara

ﺧﻄﺮﮦ

hätäuloskäynti

ﮨﻨﮕﺎﻣﯽ ﺭﺍﺳﺘﮧ

Tulipalo!

ﺁﮒ!

palosammutin

ﺁﮒ ﺑُﺠﮭﺎﻧﮯ ﻭﺍﻟﮧ ﺁﻟﮧ

onnettomuus

ﺣﺎﺩﺛﮧ

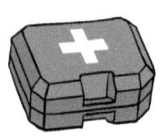

ensiapulaukku

ﺍﺑﺘﺪﺍﺋﯽ ﻃﺒﯽ ﺍﻣﺪﺍﺩ ﮐﯽ ﮐﭧ

SOS

ﺍﯾﺲ ﺍﻭﺍﯾﺲ

poliisilaitos

ﭘﻮﻟﯿﺲ

Eurooppa

یورپ

Pohjois-Amerikka

شمالی امریکہ

Etelä-Amerikka

جنوبی امریکہ

Afrikka

افریقہ

Aasia

ایشیا

Australia

أسٹریلیا

Atlantin valtameri

بحراوقیانوس

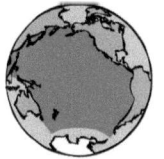

Tyynimeri

بحرالکاہل

Intian valtameri

بحرہند

Eteläinen jäämeri

بحرقطب جنوبی

Pohjoinen jäämeri

بحرقطب شمالی

pohjoisnapa

قطب شمالی

etelänapa

قُطب جنوبی

Antarktis

انتارکتیکا

maa

زمین

maa

زمین

meri

سمندر

saari

جزیره

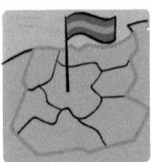

kansa

قوم

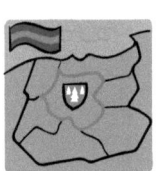

osavaltio

ریاست

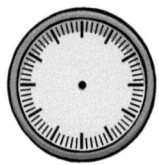

kellotaulu

کلاک کا سامنےکا حصہ

tuntiviisari

گھنٹوں والی سوئی

minuuttiviisari

منٹوں والی سوئی

sekuntiviisari

سیکنڈ ہینڈ

Paljonko kello on?

کیا وقت ہوا ہے؟

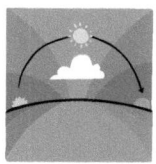

päivä

دن

aika

وقت

nyt

اب

digitaalikello

ڈیجیٹل گھڑی

minuutti

منٹ

tunti

گھنٹہ

viikko

هفته

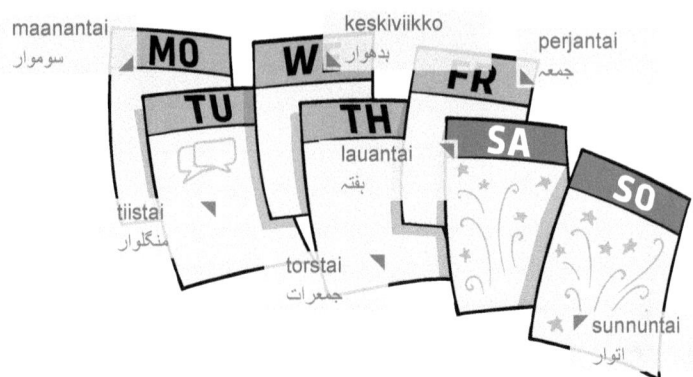

maanantai
سوموار

keskiviikko
بدھوار

perjantai
جمعہ

lauantai
ہفتہ

tiistai
منگلوار

torstai
جمعرات

sunnuntai
اتوار

eilen

گزرا کل

tänään

آج

huomenna

کل

aamu

صبح

keskipäivä

دوپہر

ilta

شام

MO	TU	WE	TH	FR	SA	SU
1	2	3	4	5	6	7
8	9	10	11	12	13	14
15	16	17	18	19	20	21
22	23	24	25	26	27	28
29	30	31	1	2	3	4

työpäivät

کاروباری دن

MO	TU	WE	TH	FR	SA	SU
1	2	3	4	5	6	7
8	9	10	11	12	13	14
15	16	17	18	19	20	21
22	23	24	25	26	27	28
29	30	31	1	2	3	4

viikonloppu

ہفتے کا اختتام

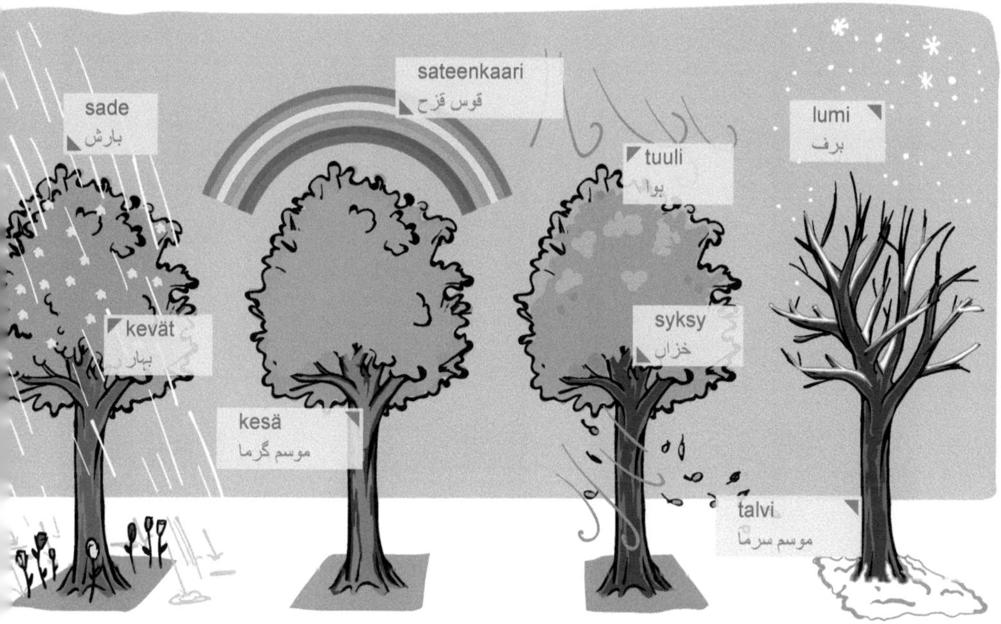

sade
بارش

sateenkaari
قوس قزح

lumi
برف

tuuli
ہوا

kevät
بہار

kesä
موسم گرما

syksy
خزاں

talvi
موسم سرما

4.APRIL	11°	
5.APRIL	4°	
6.APRIL	13°	
7.APRIL	8°	
8.APRIL	10°	

sääennuste

موسمی پیش گوئی

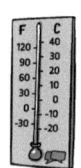

lämpömittari

تھرما میٹر

auringonpaiste

دھوپ

pilvi

بادل

sumu

دُھند

ilmankosteus

حبس

salama

بجلی کوندھنا

ukkonen

بادلوں کی گرج

myrsky

طوفان

rae

ژالہ باری

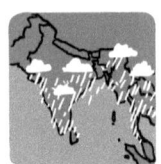

monsuuni

مون سون

tulva

سیلاب

jää

برف

tammikuu

جنوری

helmikuu

فروری

maaliskuu

مارچ

huhtikuu

اپریل

toukokuu

مئی

kesäkuu

جون

heinäkuu

جولائی

elokuu

اگست

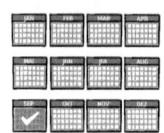

syyskuu

ستمبر

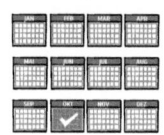

lokakuu

اكتوبر

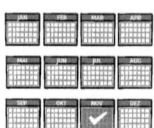

marraskuu

نومبر

joulukuu

دسمبر

muodot

اشكال

ympyrä

دائره

neliö

چوكور

suorakulmio

مُستطيل

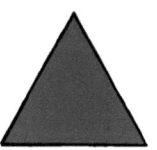

kolmio

تكون

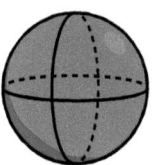

pallo

گره

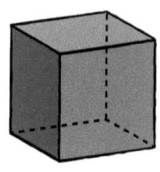

kuutio

مكعب

valkoinen

سفید

keltainen

پیلا

oranssi

نارنجی

vaaleanpunainen

گلابی

punainen

سُرخ

violetti

جامنی

sininen

نیلا

vihreä

سبز

ruskea

بھورا

harmaa

میٹیالا

musta

سیاہ

paljon / vähän

بہت زیادہ / بہت کم

vihainen / ystävällinen

ناراض / پُرسکون

kaunis / ruma

خوبصورت / بدصورت

alku / loppu

آغاز / اختتام

suuri / pieni

بڑا / چھوٹا

vaalea / tumma

روشن / اندھیرا

veli / sisko

بھائی / بہن

puhdas / likainen

صاف / گندا

täydellinen / epätäydellinen

مکمل / نامکمل

päivä / yö

دن / رات

kuollut / elävä

زندہ / مُردہ

leveä / kapea

چوڑا / تنگ

syötävä / syömäkelvoton

کھانے کے قابل ہونا / کھانے کے قابل نہ ہونا

paha / kiltti

بُرا / اچھا

innostunut / tylsistynyt

پُرجوش / بوریت کا شکار

lihava / laiha

موٹا / دُبلا

ensimmäinen / viimeinen

پہلا / أخرى

ystävä / vihollinen

دوست / دُشمن

täysi / tyhjä

بھرا ہوا / خالی

kova / pehmeä

سخت / نرم

painava / kevyt

بوجھل / ہلکا

nälkä / jano

بھوک / پیاس

sairas / terve

بیمار / صحتمند

laiton / laillinen

غیرقانونی / قانونی

älykäs / tyhmä

عقلمند / بیوقوف

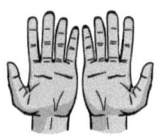

vasen / oikea

بائیں / دائیں

lähellä / kaukana

نزدیک / دور

uusi / käytetty

نیا / پُرانا

ei mitään / jotain

کچھ نہیں / کچھ ہے

vanha / nuori

بوڑھا / نوجوان

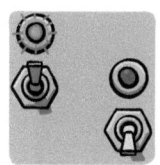

päällä / pois päältä

آن / آف

auki / kiinni

کھلا / بند

hiljainen / äänekäs

خاموش / بُلند آواز

rikas / köyhä

امیر / غریب

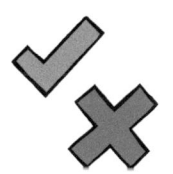

oikein / väärin

ٹھیک / غلط

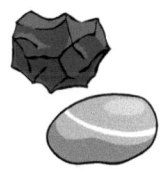

karhea / sileä

کھُردرا / ہموار

surullinen / iloinen

افسرده / خوش

lyhyt / pitkä

مُختصر / طویل

hidas / nopea

آہستہ / تیز

märkä / kuiva

گیلا / خُشک

lämmin / viileä

گرم / ٹھنڈا

sota / rauha

جنگ / امن

0	**1**	**2**
nolla	yksi	kaksi
صفر	ایک	دو
3	**4**	**5**
kolme	neljä	viisi
تین	چار	پانچ
6	**7**	**8**
kuusi	seitsemän	kahdeksan
چھ	سات	آٹھ
9	**10**	**11**
yhdeksän	kymmenen	yksitoista
نو	دس	گیارہ

12	**13**	**14**
kaksitoista	kolmetoista	neljätoista
باره	تیره	چوده
15	**16**	**17**
viisitoista	kuusitoista	seitsemäntoista
پندره	سولم	سټره
18	**19**	**20**
kahdeksantoista	yhdeksäntoista	kaksikymmentä
اټهاره	انیس	بیس
100	**1.000**	**1.000.000**
sata	tuhat	miljoona
سو	بزار	دس لاکه

englanti

انگریزی

amerikanenglanti

امریکی انگریزی

mandariinikiina

چینی مینڈارین

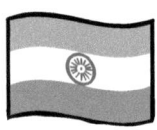

hindi

ہندی

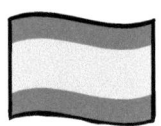

espanja

ہسپانوی

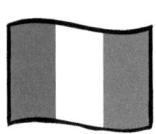

ranska

فرانسیسی

arabia

عربی

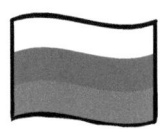

venäjä

روسی

portugali

پُرتگالی

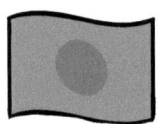

bengali

بنگالی

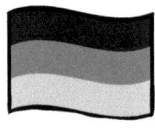

saksa

جرمن

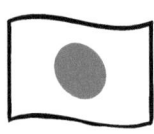

japani

جاپانی

minä

میں

sinä

تم

hän

وہ (لڑکا) / وہ (لڑکی) / یہ

me

ہم

te

تم

he

وہ

kuka?

کون؟

mitä / mikä?

کیا؟

miten?

کیسے؟

missä?

کہاں؟

milloin?

کب؟

nimi

نام

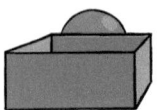

takana

پیچھے

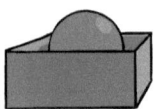

sisällä

میں

edessä

کے سامنے

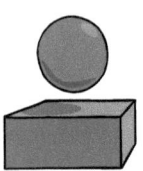

yläpuolella

اوپر

päällä

پر

alapuolella

نیچے

vieressä

ساتھ

välissä

درمیان

paikka

جگہ